季《き》節《せつ》のことば

監修◎中村和弘

岩崎書店

はじめに

雨は、空から水のつぶが降《ふ》ってくるものです。いつ降《ふ》っても雨は雨です。ところが、六月ごろにしとしとと降《ふ》る雨のことを「梅雨《つゆ》」といい、夏の午後に雷《かみなり》を鳴らしながら急に降《ふ》る雨のことを「夕立」といいます。同じ雨でも季節《きせつ》や降《ふ》り方によって、日本人はいろいろな名前をつけてきました。

風もそうです。季節《きせつ》ごとにふく特徴的《とくちょうてき》な風には、ちゃんと名前がついています。秋から冬にかけてふく冷《つめ》たい北風は「木枯《こが》らし」です。その季節《きせつ》ではじめてふく木枯《こが》らしには「木枯《こが》らし一号」という名前もあります。また、二月から三月にかけて、その年はじめてふく暖《あたた》かい南風《みなみかぜ》のことを「春一番」といいます。

このように日本には、季節《きせつ》を表すことばがたくさんあります。ですから、「冬」といわなくても「木枯《こが》らし」ということばを聞いただけで、冬の訪《おとず》れをイメージすることができます。私《わたし》たちはことばから、春夏秋冬の季節《きせつ》の感じをイメージすることができるのです。

木枯《こが》らし一号がふけば、「いよいよ冷《つめ》たい北風のふく季節《きせつ》になったなあ、冬の到来《とうらい》だなあ」という気持ちがしてきます。また、春一番がふけば、「ようやく冬も終わりだなあ、春がそこまで来ているなあ」と感じます。

こうした季節《きせつ》の感じを表すことばのことを、「季語《きご》」といいます。俳句《はいく》をつくったことがある人は聞いたことがあるでしょう。たとえば、

菜《な》の花《はな》や月は東に日は西に　(与謝蕪村《よさぶそん》)

の場合は、「菜《な》の花《はな》」が季語《きご》になります。季節《きせつ》はいつでしょう？

そう、春ですね。「春の俳句《はいく》です」といわなくても、「菜《な》の花《はな》」という季語《きご》が使われていることで、春のようすを表《ひょう》現《げん》したのだなあとわかります。俳《はい》句《く》には季語《きご》が使われることが多く、どのことばがどの季節《きせつ》を表すのかは、だいたい決まっています。

日本人は季節《きせつ》の移《うつ》り変わりに敏感《びんかん》で、そして、ことばにも敏感《びんかん》です。降《ふ》ってくる雨にも、ふいてくる風にも、いろいろな名前をつけました。おかげで、私《わたし》たちはことばを聞いただけで、雨の降《ふ》るようすや風のふく季節《きせつ》のことを頭の中でイメージできるようになりました。

さらに、季節《きせつ》の感じを表すことばを春・夏・秋・冬と仲《なか》間《ま》分けして季語《きご》のグループをつくり、それを用いて俳句《はいく》という文学を生み出しました。五・七・五という短い中にも季《き》語《ご》が効果的《こうかてき》に使われることで、どの季節《きせつ》のどんなようすのことなのか、どんな感じのことなのかを、ぱっと表現《ひょうげん》できるようになったのです。

季節《きせつ》を表すことばは、そんなすてきなことばです。この本を見て、「このことば、国語の教科書にもあったよ！」「へえ、そんなことばがあったのか！」といろいろな発見をしながら、楽しんでみてください。

東京学芸大学准教授　中村和弘

この本の使い方

この本では、四季《しき》のようすや移《うつ》り変《か》わりをあじわう「季節《きせつ》のことば」をまとめています。
それぞれの季節《きせつ》で季語《きご》を中心に約《やく》100語のことばを取り上げ、解説《かいせつ》しています。

各ページのテーマ

季節《きせつ》のことばをテーマごとに分類《ぶんるい》し、解説《かいせつ》しています。

「空を見上げてみよう」「植物をさがしてみよう」「生きものをさがしてみよう」など、季節《きせつ》によってテーマはさまざまです。

見出し語・解説《かいせつ》

季節《きせつ》のことばとその意味を解説《かいせつ》しています。同じ意味をあらわす別のことばや表現《ひょうげん》を紹介《しょうかい》している場合もあります。

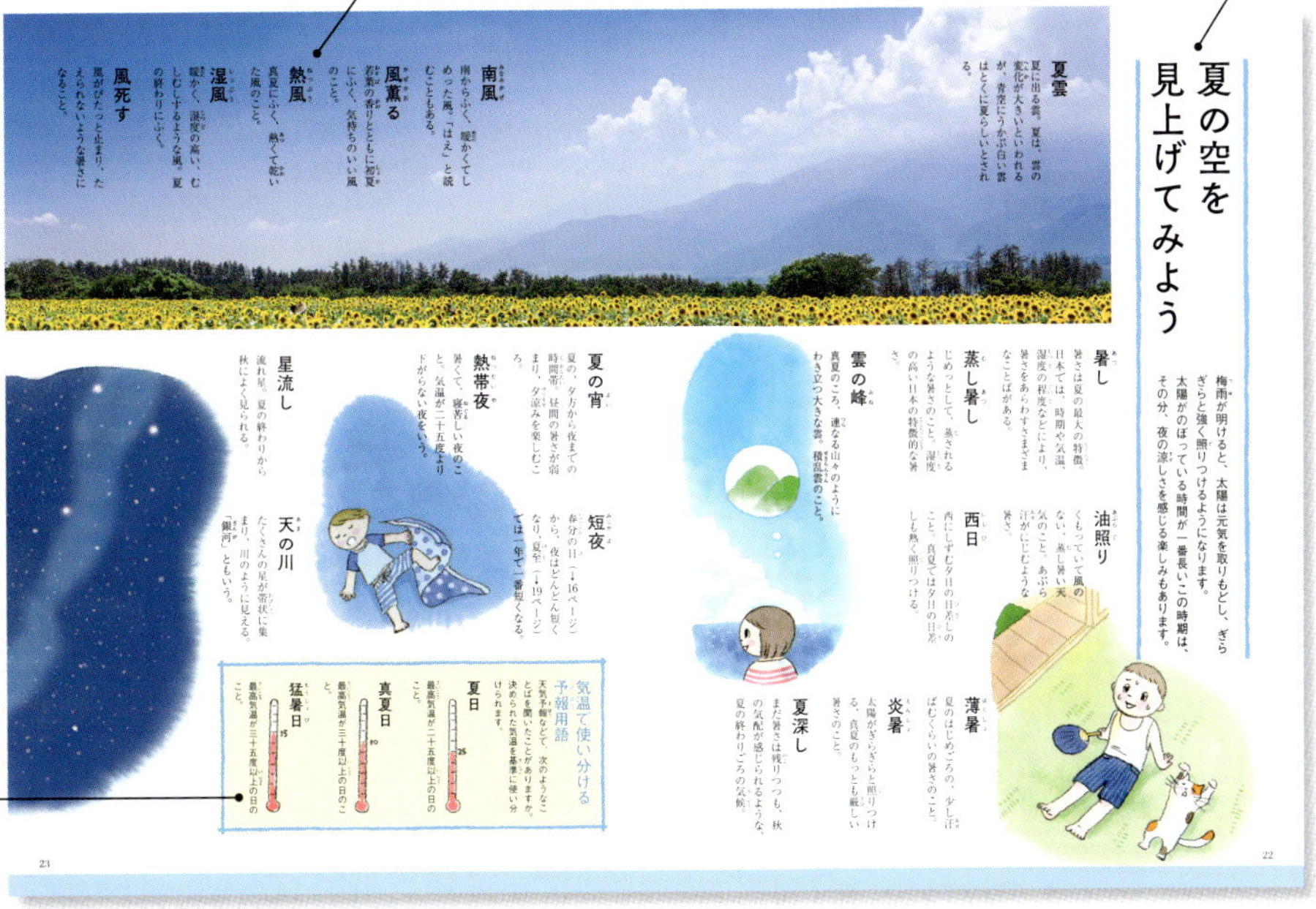

季節《きせつ》にまつわるコラム

季節《きせつ》やテーマに関連《かんれん》する知識《ちしき》を紹介《しょうかい》しています。

芸術《げいじゅつ》タイム

その季節《きせつ》ならではの工作アイデアを紹介《しょうかい》しています。

かんたん！クッキング

季節《きせつ》の食材《しょくざい》を使ったレシピを紹介《しょうかい》しています。料理《りょうり》をするときは、道具を正しく使い、けがをしないように気をつけましょう。

知識《ちしき》が深まる巻末ページ

巻末には「俳句《はいく》や短歌から季語《きご》を見つけよう」「暦《こよみ》と季節《きせつ》について知ろう」というページを設《もう》けています。文学作品や日本人の生活が季節《きせつ》と深く結《むす》びついていることを知ることができます。

収録《しゅうろく》したことば・さくいんについて

- 本書では、おもに季語《きご》を中心に「季節《きせつ》のことば」を収録《しゅうろく》しています。ただし、季語《きご》以外《がい》でも、その季節《きせつ》を象徴《しょうちょう》することばや子どもの生活に身近なことばも取り上げています。季語をさがすときには、巻末の「季節別季語《きせつべつきご》さくいん」を引きましょう。
- 「季節《きせつ》のことば」では、ことばを現代《げんだい》の生活・季節感《きせつかん》に合わせて四季《しき》にふり分けました。季語《きご》として別《べつ》の季節《きせつ》に分類《ぶんるい》されるものについては、「季節別季語《きせつべつきご》さくいん」で確認《かくにん》ができます。
- さくいんは「季節別季語《きせつべつきご》」「ジャンル別《べつ》」「五十音順《じゅん》」の三種類《さんしゅるい》があり、さまざまな方向からことばをさがすことができます。

季節《きせつ》のことば　もくじ

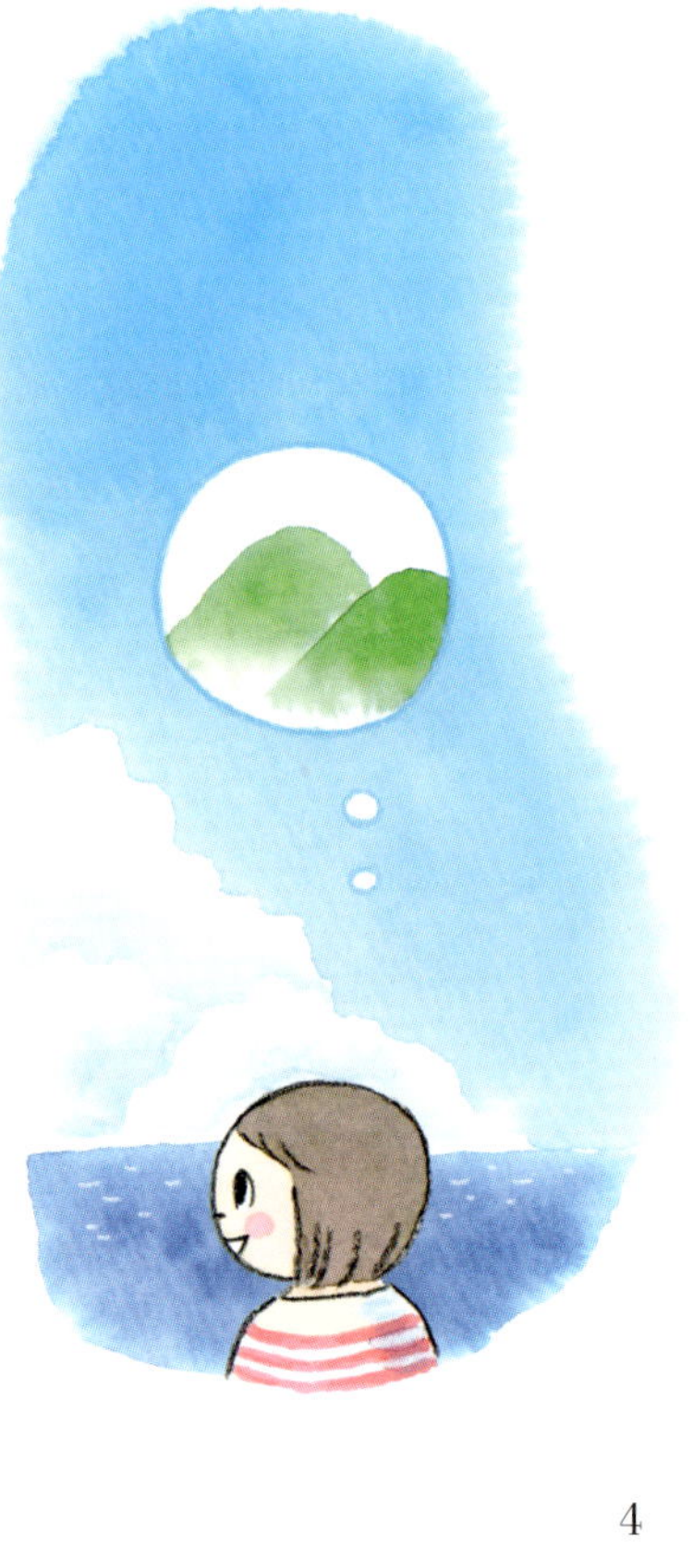

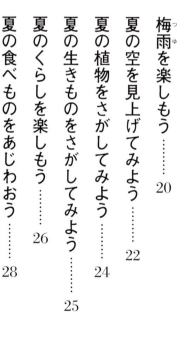

秋が来た！……30

秋の空を見上げてみよう……32
秋の植物をさがしてみよう……34
秋の生きものをさがしてみよう……35
紅葉《こうよう》について調べてみよう……36
虫の音《ね》に耳を澄《す》まそう……37
秋の野菜《やさい》や果物《くだもの》をあじわおう……38
秋のくらしを楽しもう……40
秋の芸術《げいじゅつ》タイム
落ち葉アートをつくってみよう……41
かんたん！ クッキング
スイートポテトをつくってみよう……41

冬が来た！……42

冬の空を見上げてみよう……44
雪や氷について調べてみよう……46
冬の野山をのぞいてみよう……48
冬の食べものをあじわおう……49
冬のくらしを楽しもう……50
新年を祝《いわ》おう……52
かんたん！ クッキング
おぞうにをつくってみよう……53

俳句《はいく》や短歌から季語《きご》を見つけよう……54
俳句《はいく》をつくろう……55
暦《こよみ》と季節《きせつ》について知ろう……56
季節別《きせつべつ》季語《きご》さくいん……58
ジャンル別《べつ》さくいん……60
五十音順《じゅん》さくいん……62

春が来た！

少しずつ暖《あたた》かい日が増《ふ》えて、
春がやってきます。
厳《きび》しい冬を乗りこえて、
山も町も、生きものたちも、
なんだかうれしそうですね。

立春《りっしゅん》

暦《こよみ》の上で、春がはじまるとされる日。二月四日ごろ。

山笑《やまわら》う

草や木が、いっせいに芽《め》を出しはじめた、明るい山のようす。

桜《さくら》

春にうすピンクや白い花をさかせる。いろいろな種類《しゅるい》がある。（→12ページ）

茶つみ

お茶の葉の若葉《わかば》をつむこと。立春《りっしゅん》から八十八日目の八十八夜（五月二日前後）のころに盛《さか》んにおこなわれる。

花見

桜《さくら》を見ながら飲食をすること。古くは梅《うめ》など、桜《さくら》に限《かぎ》らず花を見て楽しむことをいった。

ひばり

畑や河原《かわら》などにいる、すずめくらいの大きさの鳥。春になると「ピーチュルリー」ときれいな声でさえずりながら、空高く飛《と》んでいく。

遠足

学校などで、運動や見学を目的《もくてき》に日帰りで遠くまで行くこと。

うららか

空が晴れて、おだやかに日が照《て》っているようす。

みつばち

春先によく見られる、はちの一種《しゅ》。はちみつをとるために飼育《しいく》されることが多い。

春昼《しゅんちゅう》

眠《ねむ》くなるような、暖《あたた》かく、のんびりとした春の昼間のようす。

桜《さくら》もち

塩《しお》づけにした桜《さくら》の葉で包《つつ》んだ、もち菓子《がし》。江戸時代《えどじだい》から食べられている。（↓17ページ）

春の空を見上げてみよう

寒かった冬をこえると、春の暖《あたた》かな日の光、やさしい風を感じるようになります。でも、春の空はじつは不安定《ふあんてい》で、さまざまな表情《ひょうじょう》を持っているのです。

清明《せいめい》

草花もさきはじめ、小鳥たちもさえずりだすような、いきいきとして清々《すがすが》しいようすをいう。四月五日ごろ。

のどか

晴れた空、春の日差《ひざ》しがやわらかく、おだやかなさま。のんびりと静《しず》かなようす。

暖《あたた》か

寒くもなく暑くもなく、からだに程《ほど》よく感じる気温。寒い冬のあとの、春の過《す》ごしやすい気候《きこう》のこと。

啓蟄《けいちつ》

冬の間、土の中で眠《ねむ》っていた生きものたちが、おきだしてくる暖《あたた》かな春のようす。三月六日ごろ。

春めく

晴れる日が多くなったり、気温が高くなったりして、気候《きこう》が少しずつ春らしくなること。

春深し

春も盛《さか》りが過《す》ぎたような暖《あたた》かな気候《きこう》のこと。桜《さくら》の花が散《ち》り、木々の緑が目立つようになったころ。

花冷《はなび》え

桜《さくら》がさく春のころに、一時的《いちじてき》に寒さがもどること。

寒《かん》のもどり

暖《あたた》かくなってきたと思っていると、ふともどってくる寒さのこと。冬の寒さがもどってきたかのように、とくに寒く感じられる。

春風

春にふく、暖《あたた》かくておだやかな風。

東風《こち》

春のはじめに太平洋から日本列島《にほんれっとう》に向かってふく風。春風よりも、やや冷《つめ》たく強い風をいうこともある。

風光る

春の日差《ひざ》しが明るくかがやき、ふいてくる風までもが光りかがやいて感じられるということ。

花風《はなかぜ》

桜《さくら》の花が満開《まんかい》のころにふく風。また、花びらをふき散《ち》らす風。

鳥ぐもり

春、雁《がん》や鴨《かも》などの渡《わた》り鳥が北に帰っていくころの、くもりがちな空のようす。

春雷《しゅんらい》

春に鳴る雷《かみなり》のこと。立春《りっしゅん》（→6ページ）を過《す》ぎてからはじめての雷《かみなり》は「初雷《はつらい》」とよばれる。

花ぐもり

桜《さくら》がさく時期の、ぼんやりとくもった空のようす。

春の雨

細かくしとしと降《ふ》り続《つづ》く春の雨。草木を芽《め》ぶかせ、つぼみをふくらませることから、「芽《め》おこしの雨」ともよばれる。

菜種梅雨《なたねづゆ》

菜《な》の花がさきほこる三月から四月に、何日も降《ふ》り続《つづ》く長い雨のこと。

おぼろ月

霧《きり》やもやにおおわれて、ぼんやりとかすんで見える月のこと。春の夜によく見られる。

春時雨《はるしぐれ》

冬のはじめの降《ふ》ったりやんだりする雨を「時雨《しぐれ》」といい、それと似《に》た降《ふ》り方をする春の雨のこと。冬の雨のように冷《つめ》たく感じる。

春の星

春の夜に、うるんだように見える星。

春の植物をさがしてみよう

暖《あたた》かな春には、植物たちも目覚《めざ》めはじめます。
野山はもちろん、
ふだん歩いている道ばたや、
校庭も、いっせいににぎやかに色づきます。

たんぽぽ

まっすぐにのびたくきの先に、黄や白の花をさかせる。花が終わると綿毛《わたげ》をつける。

菜《な》の花《はな》

「あぶらなの花」「菜種《なたね》の花《はな》」ともよばれ、菜種油《なたねあぶら》がとれる。

すみれ

むらさきや白の小さな花をさかせる。すみれの仲《なか》間《ま》にはたくさんの種類《しゅるい》がある。

白つめ草

白い小さな花が、丸く集まってさく。丸い葉が三枚《まい》つくことが多い。クローバーともいう。

かたばみ

黄色い花をつける。葉は白つめ草に似《に》ているが、ハート形をしている。

はこべ

春の七草（↓48ページ）のひとつ。はこべら。道ばたにはえ、春に白い小さな花をさかせる。

なずな

春の七草のひとつ。ぺんぺん草。白い小さな花は三角形の実になる。

れんげ

赤むらさき色の小さな花が、丸く集まってさく。げんげともいう。

ねこやなぎ

春のはじめ、背《せ》の低《ひく》い木に花をつける。花の集まりがねこのしっぽのようにふわふわとやわらかい。

春の生きものをさがしてみよう

静《しず》かに冬をこした生きものたちが、活発に動きはじめます。ようやく花開いた植物をもとめて、虫たちもとびまわります。

アオスジアゲハ。五月ごろからとびはじめる。

ちょう

四枚《まい》の羽で、ひらひらと舞《ま》うようにとぶこん虫。花のみつを吸《す》う。

かいこ

がの幼虫《ようちゅう》。まゆから絹糸《きぬいと》をとるために飼育《しいく》されることが多い。

はなあぶ

からだに黄と黒のしま模《も》様《よう》がある。はちによく似《に》ているこん虫。花のみつや花粉《かふん》を食べる。

かえる

水辺《みずべ》にすむものが多く、指の間に水かきがある。子どものときはおたまじゃくし。

おたまじゃくし

かえるの子ども。かえるが春にうんだ卵《たまご》がかえり、おたまじゃくしになる。

日本にいるちょう

アゲハ

モンシロチョウ

オオムラサキ

ベニシジミ

春の動物たちのようす

くま穴《あな》を出る

冬眠《とうみん》から覚《さ》めたくまが、雪どけのころに巣穴《すあな》から出てくる。

落とし角《づの》

しかの角《つの》が、はえかわりのために春に自然《しぜん》に落ちる。

ねこの恋《こい》

春になると、ねこは子どもをつくる相手をさがし、大きな声で鳴きあう。

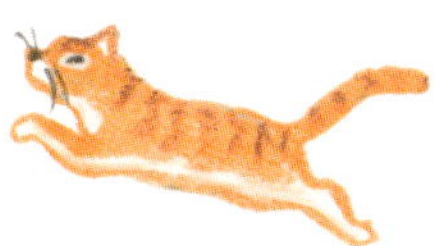

鳥帰る

日本で冬をこした渡《わた》り鳥たちが、春になって北へ帰っていく。

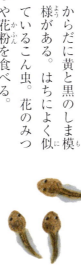

桜《さくら》のことをもっと知ろう

日本で春の花といえば、桜《さくら》を思いうかべる人が多いようです。古くは花といえば梅《うめ》だったのが、平安時代以降《いこう》、桜《さくら》が流行し、定着したといわれています。

桜《さくら》の種類《しゅるい》

ソメイヨシノ

白やうすピンクの花がいっせいにさく。学校や公園に植えられていることが多い。江戸時《えどじ》代《だい》に「染井《そめい》」という村の植木屋が売りだし、日本全国に広まったという説《せつ》がある。

ヤマザクラ

野山で見られる野生の桜《さくら》。白やうすピンクの花がさく。

桜《さくら》にまつわることば

春一番／春二番

冬から春へと変《か》わるとき、はじめて南からふく、暖《あたた》かくて強い風が春一番。その次にふく暖《あたた》かい風が春二番とよばれる。春一番がふくと木の芽《め》がゆるみ、春二番がふくと花がさきはじめるといわれる。

桜前線《さくらぜんせん》

ソメイヨシノなどの桜《さくら》の開花日を日本地図上で示《しめ》した線。南のほうから開花し、じょじょに北のほうでも開花する。

花ふぶき

桜《さくら》の花びらが、まるでふぶき（→47ページ）のように舞《ま》い散《ち》ること。

花いかだ

散《ち》った桜《さくら》の花びらが川面《かわも》に集まってうかび、流れていくようす。

カンザン

花びらが何枚《なんまい》も重なってさく、八重桜《やえざくら》の一種《しゅ》。花は丸く、赤みが強い。

シダレザクラ

小ぶりでうすいピンクの花をさかせる。枝《えだ》が下向きに垂《た》れてのびる。

いろいろな色や形の桜《さくら》

オオシマザクラ

大きな白い花がさく。葉は塩《しお》づけにして、（→17ページ）桜《さくら》もちを包《つつ》むときに使うこともある。

カンヒザクラ

濃《こ》い赤むらさきの花。

ギョイコウ

黄緑の花びらをつける桜《さくら》。

桜《さくら》の一年

二月

新たな葉やつぼみがつく。

芽《め》ぶき
草木から新しい芽《め》が出はじめること。

つぼみ
花がまだ開く前の状態《じょうたい》。

三月 四月

つぼみがふくらみ、花がさく。

満開《まんかい》
花がすっかり開くこと。桜《さくら》の場合は全体の八割《わり》がさいたようす。

花ざかり
花がさきそろっていて、見ごろの時期。

残桜《ざんおう》
ほかの木が散《ち》ったあと残《のこ》っている桜《さくら》。また、おくれてさいた桜《さくら》のこと。

葉桜《はざくら》
葉の出はじめた桜《さくら》。青々とした葉が力強い。

五月 六月

花が散《ち》り、次の花の芽《め》をつくる。

九月 十月

紅葉《こうよう》し、葉が落ちる。冬は成長《せいちょう》を止め、春を待つ。

春の野山にでかけてみよう

さまざまな植物が芽《め》ぶく春には、土手や野原、少し遠出して山にでかけてみませんか。山菜《さんさい》も、小さな芽《め》を出しています。さがしてみましょう。

山へはかならず大人《おとな》とでかけ、一緒《いっしょ》に行動しましょう。

野山へでかけるときの服装《ふくそう》と持ちもの

- 長そで長ズボン
- ぼうし
- 軍手《ぐんて》
- 長ぐつや、すべりにくいくつ

両手が使えるリュックなどが便利《べんり》です。

中には

- 雨具
- のみもの

など

ふきのとう

ふきのつぼみと小さな葉。雪どけのころ、土の中から顔を出す。

たらの芽《め》

たらの木の新しい芽《め》。木の枝《えだ》にはトゲがある。

たけのこ

土の中から出る、竹の若《わか》い芽《め》。春にとれるたけのこは、やわらかくて甘《あま》みが強い。

つくし

日当たりのよい土手や野原などにはえる。頭の先が筆のようなかたちをしている。

わらび

日当たりのいい野山にはえる。こぶしのようなかたちの新芽《しんめ》をつける。

こごみ

新芽《しんめ》の先はうずまき形で、小さな葉がついている。「くさそてつ」ともいう。

ぜんまい

野山のしめった場所にはえる。新芽《しんめ》の先はうずをまくように丸まっている。

春にとれる野菜《やさい》

鳥のさえずりに耳を澄《す》まそう

春、耳を澄《す》ますと、子どもをつくったり、育てたりする鳥たちの鳴き声が聞こえてきます。春になると日本にやってくる、渡《わた》り鳥もいます。

うぐいす

茶色がかった緑色の鳥。春に美しい鳴き声を聞かせることから、「春鳥《はるどり》」ともいわれる。

ホーホケキョ

鳥の巣《す》

春、鳥たちは巣《す》をつくり、ヒナを育てはじめる。

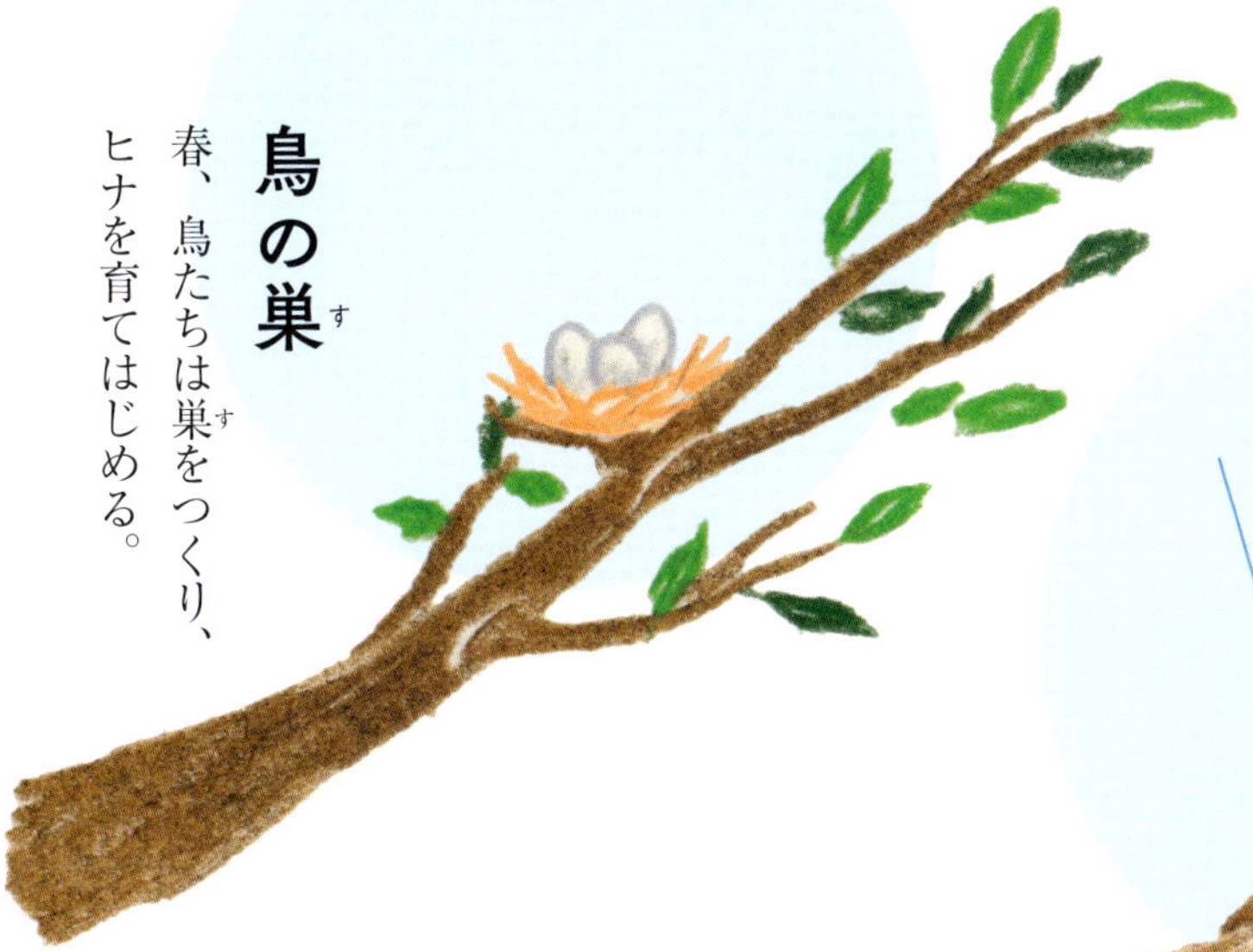

つばめ

渡《わた》り鳥の一種《しゅ》。冬は暖《あたた》かい国で過《す》ごし、春になると日本にやってくる。

チュリチュリ、チュリリ

めじろ

美しい黄緑の、小さな鳥。目のまわりは白い。すばやく飛《と》びまわり、梅《うめ》などの花のみつを吸《す》う。

チュルチーチュルチーチュルチー

すずめの子

すずめは、町中でも見られる小さな鳥。春になると、屋根のすきまなどにつくられた巣《す》に、その子どもの姿《すがた》が見られる。

チュンチュン

チュンチュン

きじ

日本を代表する鳥。オスは美しい羽があり、春になるとメスをよぶために大きな声で鳴く。

ケーン ケーン

春の行事を楽しもう

春には、子どもの成長《せいちょう》を願《ねが》う行事があります。行事に合わせた飾《かざ》りや食べものを楽しみましょう。一か月おくれの日にちでおこなう地域《ちいき》もあります。

桃《もも》の節句《せっく》／ひな祭り

三月三日。女の子の健《すこ》やかな成《せい》長《ちょう》を祝《いわ》う日。

桃《もも》の花

白やピンクの花がさく。災《わざわ》いをはらう力があるといわれる。

ちらしずし

酢飯《すめし》の上に、えびやれんこんなどの縁起《えんぎ》が良《よ》いとされる食材《しょくざい》をのせた料理《りょうり》。

はまぐりのお吸《す》いもの

はまぐりは対《つい》の貝がらでないとぴったりと合わないことから、良《よ》い縁《えん》があるように願《ねが》って食べる。

春分《しゅんぶん》の日《ひ》

三月二十一日ごろ。昼と夜の長さがほぼ同じになる日。

端午《たんご》の節句《せっく》／こどもの日

五月五日。子どもの成長《せいちょう》を祝《いわ》う行事。もとは、男の子の成長《せいちょう》を祝《いわ》う日として定められた。

こいのぼり

子どもの成長《せいちょう》を祈《いの》って立てる。滝《たき》をのぼったこいが竜《りゅう》になったという伝説《でんせつ》から。

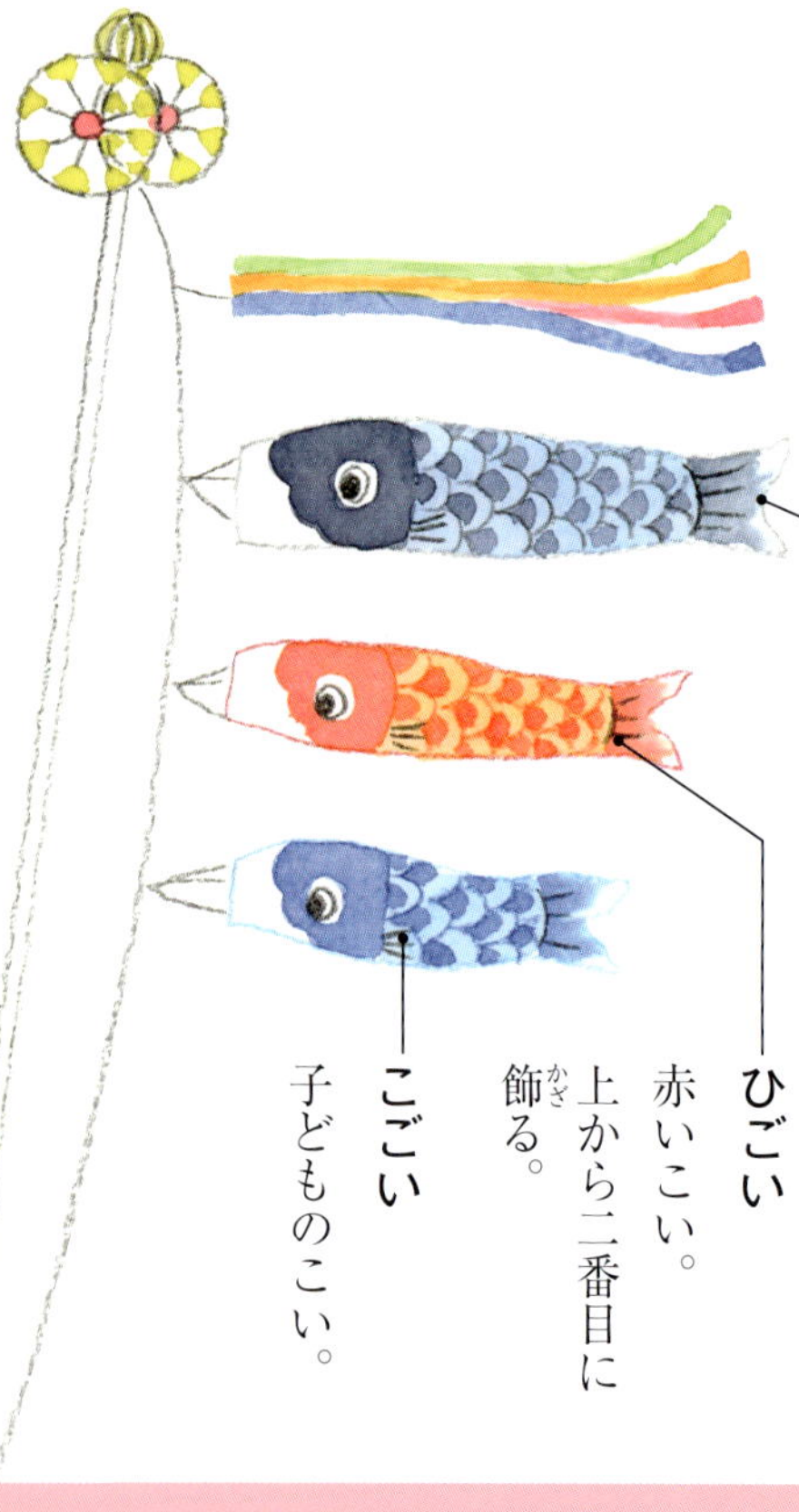

まごい
黒いこい。一番上に飾《かざ》る。

ひごい
赤いこい。上から二番目に飾《かざ》る。

こごい
子どものこい。

しょうぶ湯

しょうぶの葉を、湯船に浮《う》かべる。葉が刀のかたちをしていることから、病や災《わざわ》いを防《ふせ》ぐといわれる。

かぶと

強く元気よく育つように飾《かざ》られる。

かんたん！クッキング

桜《さくら》もちをつくってみよう

材料 (8 ～ 10個分《こぶん》)

- 桜《さくら》の葉の塩《しお》づけ …… 8～10 枚《まい》
- 小豆《あずき》あん ……………… 160g
- 白玉粉《しらたまこ》 ………… 8g（大さじ 1）
- 薄力粉《はくりきこ》 ……… 25g（大さじ 4）
- 砂糖《さとう》 ……… 5g（小さじ 2 強）
- 食紅《しょくべに》 …………………… 少々
- 水（生地《きじ》用） ………… 70cc
- サラダ油 ……………… 少々

使う道具

- ボウル
- 泡立《あわだ》て器《き》
- フライパン
- スプーン
- フライ返し
- 浅《あさ》いざる
- ふきん

つくり方

1

桜《さくら》の葉は水に10分ほどさらして塩抜《しおぬ》きし、水けを拭《ふ》く。小豆《あずき》あんは8 ～ 10等分にして丸める。

2

生地《きじ》をつくる。ボウルに白玉粉《しらたまこ》、薄力粉《はくりきこ》、砂糖《さとう》、食紅《しょくべに》を入れ、水を少しずつ加《くわ》えながら泡立《あわだ》て器《き》で混《ま》ぜる。

3

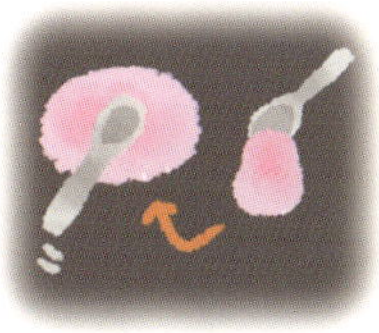

フライパンを弱火にかけ、サラダ油をひいて一度拭《ふ》き取る。2を大さじ1ほど流し、スプーンの背《せ》で直径《ちょっけい》6 ～ 8cm に丸く広げる。

4

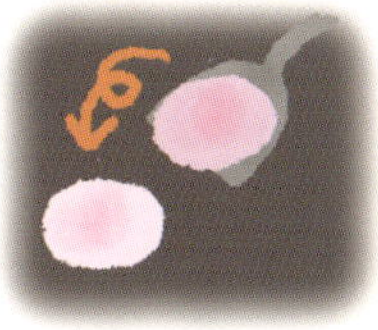

表面が乾《かわ》いたらフライ返しで裏返《うらがえ》し、生地《きじ》のふちの色が変《か》わってきたら、浅《あさ》いざるやふきんに取り出す。残《のこ》りも同様に焼《や》く。

5

生地《きじ》が冷《さ》めたら小豆《あずき》あんをのせ、半分に折《お》りたたみ、桜《さくら》の葉を巻《ま》く。

●いろいろなもち

ひしもち

ひな祭りに食べる。赤・白・緑の三色のもちが重なっている。

かしわもち

かしわの葉で包《つつ》んだ、あんこ入りのもち。こどもの日に食べる。

おはぎ・ぼたもち

もち米を半つぶしにして丸め、あんこなどをまぶしたもの。

わらびもち

わらびの粉《こな》からつくったもちに、きなこや黒みつをかけて食べる。

夏が来た！

やわらかな日差《ひざ》しが、じりじりと強まって夏が来ます。汗《あせ》がふきだしそうな暑さでも、青々とした山や青い空をながめれば、どこかへでかけたくなりますね。

立夏《りっか》

暦《こよみ》の上で夏がはじまるとされる日。五月六日ごろ。

山したたる

山の木々の緑が、まるで水がしたたるほどみずみずしく美しいようす。

せみ

夏に、木などにとまって大きな声で鳴くこん虫。種類《しゅるい》によって鳴き声がちがう。

夏氷

けずった氷に、シロップなどで味をつけて食べる。かき氷。

炎天《えんてん》

夏まっ盛《さか》りの、焼《や》けつくような強い日差《ひざ》し。また、そのような天気。

夏至《げし》

一年のうちでもっとも昼が長く、夜が短い日。六月二十二日ごろ。

入道雲《にゅうどうぐも》

空に高く盛《も》り上がった、白い雲。積乱雲《せきらんうん》。

夏景色《なつげしき》

夏のはじめの、季節《きせつ》の移《うつ》り変《か》わりを感じるころのようす。

すいか割《わ》り

目かくしをして棒《ぼう》を持ち、まわりの人の声だけをたよりにすいかを割《わ》る遊び。

海水浴《かいすいよく》

海に入って、遊んだり、泳いだりすること。

日焼《ひや》け

強い日差《ひざ》しを受けたり、長く日に当たったりして、肌《はだ》の色が黒くなること。

ひまわり

夏に黄色い大きな花をさかせる。くきがまっすぐ長くのびるものが多い。

梅雨《つゆ》を楽しもう

春が過《す》ぎて、夏本番がやってくる前、雨が降《ふ》り続《つづ》く時期を、梅雨《つゆ》といいます。梅《うめ》の実が熟《じゅく》す時期でもあるため、このように書きます。長い間、雨が続《つづ》き、太陽が恋《こい》しくなったころ、梅雨《つゆ》は終わります。

いろいろな雨のよび方

夏の雨

暑い夏が来る前、とくに梅雨《つゆ》の時期は、雨の日が多い。雨のよび方にもさまざまな種類《しゅるい》がある。

五月雨《さみだれ》

梅雨《つゆ》の時期に降《ふ》る長雨のこと。梅雨《つゆ》の六月は昔の暦《こよみ》で五月にあたるため、この名前がついた。

にわか雨

にわかに（急に）降《ふ》りだす雨のこと。すぐにやむ。

驟雨《しゅうう》

強くなったり、弱くなったりしながら降《ふ》る雨。

通り雨

にわか雨の別《べつ》のよび方。雨雲が通り過《す》ぎるとやむことから。

夕立

真夏の午後、とくに夕方に降《ふ》る、激《はげ》しい雨。すぐにやむ。

喜雨《きう》

日照《ひで》りが長く続《つづ》いたあとに降《ふ》る雨。

虎《とら》が雨《あめ》

昔の暦《こよみ》の五月二十八日は雨が多いといわれた。この日、好《す》きな人の死を悲しんだ、虎御前《とらごぜん》という女性《じょせい》の涙《なみだ》が雨になったという伝説《でんせつ》から。

薬降《くすりふ》る

昔の暦《こよみ》の五月五日を薬日《くすりび》といい、その昼に降《ふ》る雨のこと。昔、この雨水で薬をつくると効果《こうか》が高いという言い伝《つた》えがあった。

にじ

雨上がりの空にかかる、七色の光の帯《おび》。夕立のあとによくあらわれる。

にじをつくろう！

にじは、雨上がりに、太陽の光が空気中に残《のこ》った雨つぶの中ではね返ってできます。

太陽を背《せ》にして、霧《きり》ふきなどで細かい水しぶきを出すと、にじを再現《さいげん》することができます。

梅雨《つゆ》にまつわることば

入梅《にゅうばい》

梅雨《つゆ》に入ること。立春《りっしゅん》から百二十七日目のことで、六月十一日ごろ。

梅雨空《つゆぞら》

梅雨《つゆ》の時期の、空一面を雨雲がおおっている空のようす。

梅雨《つゆ》ぐもり

梅雨時《つゆどき》のくもり空。雨が降《ふ》りそうで降《ふ》らない、暗い空。

走り梅雨《づゆ》

梅雨《つゆ》に入る少し前に、梅《つ》雨時《ゆどき》のように降《ふ》り続《つづ》く雨のこと。

送り梅雨《づゆ》

梅雨《つゆ》が明けるころに降《ふ》る大雨。雷《かみなり》がおこることもある。

梅雨明《つゆあ》け

梅雨《つゆ》が明ける日のこと。出梅《しゅつばい》ともいう。

五月晴《さつきば》れ

梅雨時《つゆどき》の晴れ間のこと。本来は五月のさわやかな晴れのことではない。

夏の空を見上げてみよう

梅雨《つゆ》が明けると、太陽は元気を取りもどし、ぎらぎらと強く照《て》りつけるようになります。

太陽がのぼっている時間が一番長いこの時期は、その分、夜の涼《すず》しさを感じる楽しみもあります。

夏雲

夏に出る雲。夏は、雲の変化《へんか》が大きいといわれるが、青空にうかぶ白い雲はとくに夏らしいとされる。

暑《あつ》し

暑さは夏の最大の特徴《とくちょう》。日本では、時期や気温、湿度《しつど》の程度《ていど》などにより、暑さをあらわすさまざまなことばがある。

蒸《む》し暑《あつ》し

じめっとして、蒸《む》されるような暑さのこと。湿度《しつど》の高い日本の特徴的《とくちょうてき》な暑さ。

雲の峰《みね》

真夏のころ、連《つら》なる山々のようにわき立つ大きな雲。積乱雲《せきらんうん》のこと。

油照《あぶらで》り

くもっていて風のない、蒸《む》し暑い天気のこと。あぶら汗《あせ》がにじむような暑さ。

西日《にしび》

西にしずむ夕日の日差《ひざ》しのこと。真夏では夕日の日差《ひざ》しも熱《あつ》く照《て》りつける。

薄暑《はくしょ》

夏のはじめごろの、少し汗《あせ》ばむくらいの暑さのこと。

炎暑《えんしょ》

太陽がぎらぎらと照《て》りつける、真夏のもっとも厳《きび》しい暑さのこと。

夏深し

まだ暑さは残《のこ》りつつも、秋の気配が感じられるような、夏の終わりごろの気候《きこう》。

南風《みなみかぜ》

南からふく、暖《あたた》かくてしめった風。「はえ」と読むこともある。

風薫《かぜかお》る

若葉《わかば》の香《かお》りとともに初夏《しょか》に気持ちのいい風がふくこと。

熱風《ねっぷう》

真夏にふく、熱《あつ》くて乾《かわ》いた風のこと。

湿風《しっぷう》

暖《あたた》かく、湿度《しつど》の高い、むしむしするような風。夏の終わりにふく。

風死す

風がぴたっと止まり、たえられないような暑さになること。

夏の宵《よい》

夏の、夕方から夜までの時間帯《じかんたい》。昼間の暑さが弱まり、夕涼《ゆうすず》みを楽しむころ。

熱帯夜《ねったいや》

暑くて、寝苦《ねぐる》しい夜のこと。気温が二十五度より下がらない夜をいう。

星流し

流れ星。夏の終わりから秋によく見られる。

短夜《みじかよ》

春分《しゅんぶん》の日《ひ》（→16ページ）から、夜はどんどん短くなり、夏至《げし》（→19ページ）では一年で一番短くなる。

天《あま》の川

たくさんの星が帯状《おびじょう》に集まり、川のように見える。「銀河《ぎんが》」ともいう。

気温で使い分ける予報用語《よほうようご》

天気予報《よほう》などで、次のようなことばを聞いたことがありますか。決められた気温を基準《きじゅん》に使い分けられます。

夏日

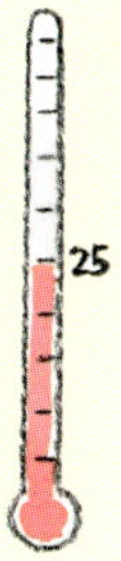

最高《さいこう》気温が二十五度以上《いじょう》の日のこと。

真夏日

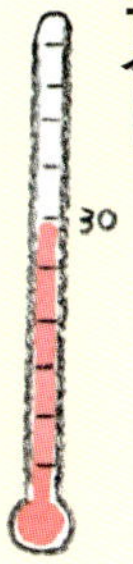

最高《さいこう》気温が三十度以上《いじょう》の日のこと。

猛暑日《もうしょび》

最高《さいこう》気温が三十五度以上《いじょう》の日のこと。

夏の植物をさがしてみよう

強い日差《ひざ》しと、十分な雨を受け、
夏の植物たちはいきいきと成長《せいちょう》します。
木々の葉も色がいっそう濃《こ》くなり、
つやつやとかがやきます。

夏草

夏、道ばたや空き地に青々と生《お》いしげる草のこと。

あじさい

梅雨《つゆ》の時期に、小さな花が丸く集まってさく。

若葉《わかば》

夏のはじめに新しく出てきた、やわらかくみずみずしい黄緑色の葉。

青葉

成長《せいちょう》して緑が濃《こ》くなった、青々とした木々の葉のようす。

草いきれ

夏、強い日光が当たったときに草むらから出る、むっとするにおい。

どくだみ

白い小さな葉の中央に黄色い花がさく。強いにおいがする。

マーガレット

五月から六月に花をつける。花びらは白やピンク、黄など、さまざまな色がある。

さるすべり

木のはだが、さるも落ちそうなほどなめらかなので、この名がついた。

朝顔

夏、色とりどりにさく花。朝早くからさきはじめ、昼にはしぼんでしまう。

きょうちくとう

赤や白、うす黄色の花をさかせる。花と根に毒《どく》がある。

夏の生きものをさがしてみよう

十分に成長《せいちょう》した植物のまわりには、さまざまな生きものたちが動きまわります。とくに夕方から夜は、活発なその姿《すがた》が見られます。涼《すず》しげに水の中を泳ぐ生きものたちも、夏らしいですね。

あり

黒や茶色の小さなこん虫。冬の間はくさった木や土の中の巣《す》で過《す》ごし、春になると地上に出て活動をはじめる。

くわがた

おすは、頭に、強く発達《はったつ》したはさみのような大あごを持つ。夜に活動する。

かぶと虫

おすは頭に大きな角《つの》を持ち、力が強い。夏にサナギから成虫《せいちゅう》になる。樹液《じゅえき》を吸《す》う。

黄金虫《こがねむし》

金色がかった緑色のこん虫。種類《しゅるい》によって色はさまざまで、草の葉、木の葉を食べる。

蚊《か》

メスが人などを刺《さ》して血を吸《す》う。刺《さ》されたところはかゆくなる。

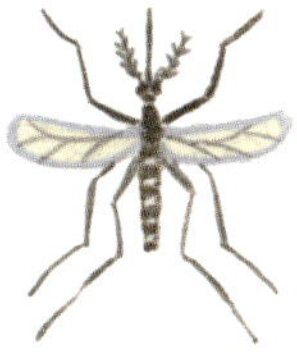

かたつむり

大きなからに入った、陸《りく》にすむ巻《ま》き貝の仲間《なかま》。目は、二本の角《つの》の先についている。でんでん虫。

ほたる

夜、きれいな水のほとりで、腹部《ふくぶ》を光らせながらとびかう。

金魚

色もかたちもさまざまな、観賞用《かんしょうよう》の魚。

めだか

池や川で群《む》れになって泳ぐ小さな魚。

くらげ

ふわふわと海の中をただよう。毒《どく》を持つ種類《しゅるい》もいる。

夏のくらしを楽しもう

夏には長い休みがあり、いつもとはちがった体験《たいけん》をすることもできます。厳《きび》しい日差《ひざ》しに当たりすぎないように気をつけながら、でかけましょう。

夏休み

夏にある、長い休み。おぼんの時期が入ることが多い。

登山

山に登ること。夏は、山で見られる植物や生きものも多く、気候《きこう》もよいため登りやすい。

おぼん

八月の十五日前後におこなう、先祖《せんぞ》をまつる行事。七月におこなうところもある。

キャンプ

山や海岸、高原など、自《し》然《ぜん》の中でテントをはって寝泊《ねと》まりすること。

暑中見舞《みま》い

暑くなってから、相手の健康《けんこう》などを気づかって送る、はがきや手紙。立秋《りっしゅう》（→30ページ）を過《す》ぎてからは残暑見舞《ざんしょみま》いとなる。

七夕《たなばた》

七月七日の行事。ささの葉に願《ねが》いごとを書いた短冊《たんざく》を飾《かざ》る。

田植え

稲《いね》の苗《なえ》を水田に植えること。今は機械《きかい》でおこなうことが多いが、昔は手作業でおこなった。

蚊帳《かや》

クーラーなどがないころ、夏は外に通じる戸を開けて寝《ね》ていた。寝《ね》ている間に蚊《か》に刺《さ》されないように使った道具。

昼寝《ひるね》

昼間に少し眠《ねむ》ること。暑い夏はつかれやすいので、昼寝《ひるね》をしてからだを休めることもある。

麻《あさ》や木綿《もめん》などの織《おり》物《もの》を天井《てんじょう》からつるし、その中にふとんをしいて寝ます。

夏祭り

神社などでおこなわれ、豊作《ほうさく》祈願《きがん》や、伝染病《でんせんびょう》の厄《やく》よけなど、さまざまな由来がある。

花火

手持ち花火と打ち上げ花火がある。はじける光の色やかたちの美しさを楽しむ。

いろいろな花火

花火は、中に入っている火薬によって、はじけたときの色やかたちが変《か》わります。日本で花火が流行しはじめた江戸《えど》時代《じだい》から、変《か》わらず愛《あい》されているかたちがあります。

風鈴《ふうりん》

鉄やガラスでできた、つりがね形の鈴《すず》。風がふくと、涼《すず》しげな音がする。

うちわ

あおいで風をおこす道具。竹で骨《ほね》と持ち手をつくり、骨《ほね》には紙をはる。

浴衣《ゆかた》

夏用の、裏地《うらじ》のない木綿《もめん》の着物。現在《げんざい》では祭りなど、行事のときに着る人が多い。

ゆうれい

死んだ人のたましいが、仏《ほとけ》になれずこの世にあらわれるといわれているもの。

せん風機《ぷうき》

電気で風車のような羽根を回して、風をおこす機《き》械《かい》。

はだし

足になにもはかず、素足《すあし》で地面にふれること。

夏の食べものをあじわおう

冷《つめ》たいめん類《るい》や、デザートは、暑い夏にぴったりの食べものですね。そのほかにも、太陽の光をたくさん受けた夏野《なつや》菜《さい》やフルーツも、夏ならではの食べものです。

そうめん

小麦粉《こむぎこ》をこね、細くのばしためん。ゆでて冷《ひ》やし、つゆにつけて食べる。そうめんはひやむぎよりやや細い。

夏野菜《なつやさい》

きゅうり

緑色で細長い。からだの熱《ねつ》を冷《さ》ます働《はたら》きがある。

えだまめ

さやに入ったままの、まだ緑色の若《わか》い大豆《だいず》。

なす

丸なす、長なすなどさまざまな種類《しゅるい》がある。

ピーマン

中は空《から》になっていて、外側《そとがわ》のやわらかい部分を食べる。

なすづけ

なすを塩《しお》やぬかでつけたもの。

土用うなぎ

七月下旬《げじゅん》から立秋《りっしゅう》（→30ページ）前日までの、土用の丑《うし》の日に食べるうなぎ。

アイスクリーム

牛乳《ぎゅうにゅう》・砂糖《さとう》・卵《たまご》の黄身などを混《ま》ぜてこおらせた食べもの。

さくらんぼ

夏のはじめに実をつける、セイヨウミザクラの実。赤黄色でつやつやしている。

すいか

丸や、だ円形をしていて、ぶ厚《あつ》い皮の中は赤い。野菜《やさい》の一種《しゅ》。

ところてん

海そうのテングサをとかしてこし、冷《ひ》やし固《かた》め、細くしたもの。

ソーダ

炭酸水《たんさんすい》に、砂糖《さとう》や果汁《かじゅう》で風味をつけたもの。

夏の
芸術《げいじゅつ》タイム

暑中見舞《みま》いのはがきをつくろう

身のまわりにあるものを活用して、かんたんに自分だけの暑中見舞《みま》いはがきがつくれます。

▶横に切ったピーマンに絵の具をつけて、スタンプに。おしゃれなフレームの完成《かんせい》です。

▼綿《わた》をほぐして、のりなどではりつければ、ふわふわのかき氷に。

▲この夏の思い出の写真を使えば、しばらく会っていない人にも喜《よろこ》んでもらえそう。

かんたん！
クッキング

アイスクリームをつくってみよう

つくり方

1 ボウルにジャムと生クリームを入れ、とろっとするまで泡立《あわだ》て器《き》でかき混《ま》ぜる。

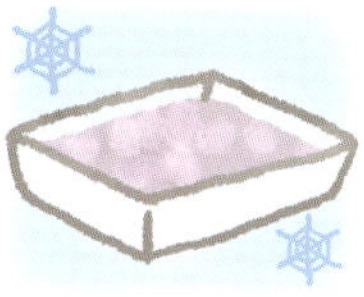

2 牛乳《ぎゅうにゅう》を少しずつ加《くわ》えて混《ま》ぜる。保存《ほぞん》容器《ようき》に移《うつ》し、冷凍《れいとう》庫《こ》で２時間以上《いじょう》固《かた》める。

3 途中《とちゅう》、２回ほど冷《れい》凍庫《とうこ》から出して、スプーンでかき混《ま》ぜておく。

4 固《かた》まったら好《す》きなフルーツやクッキーなどと器《うつわ》に盛《も》りつける。

材料（２～３人分）

・ブルーベリージャム……50g
・生クリーム……80cc
・牛乳《ぎゅうにゅう》……70cc
・好《この》みのフルーツやクッキー……適量《てきりょう》

使う道具

・ボウル
・泡立《あわだ》て器《き》
・保存容器《ほぞんようき》
・スプーン

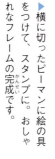

秋が来た！

熱《あつ》かった風が、ひんやりとした
秋の風に変《か》わります。
秋は実りの季節《きせつ》です。
また、寒い冬への準備《じゅんび》の季節《きせつ》でもあります。

立秋《りっしゅう》

暦《こよみ》の上で秋がはじまるとされる日。八月八日ごろ。

赤とんぼ

アキアカネなどの、からだが赤いとんぼ。秋になると田んぼのまわりや町の中をとびまわる。

稲穂《いなほ》

稲《いね》の、実がなるころ。秋に実がつく。稲《いね》の実から米がとれる。

さわやか

清々《すがすが》しく、気持ちがいいようす。秋の空気はひんやりとして乾《かわ》いていて、さわやかである。

コスモス

秋に、ピンクや白の花をさかせる。きくの仲間《なかま》。

秋晴れ

秋の、晴れて澄《す》みわたった空のようす。

秋うらら

春の日のように、よく晴れたおだやかな秋の気候《きこう》のこと。

山よそおう

紅葉《こうよう》でさまざまな色に染《そ》められた、美しい秋の山のようす。

紅葉《もみじ》がり

紅葉《こうよう》した葉を見に野山にでかけ、楽しむこと。

かき

秋に、オレンジ色の甘《あま》い実をつける。甘《あま》がきとしぶがきがある。

秋の空を見上げてみよう

夏の暑さがやわらぎ、ひんやりとした風を感じたら、秋がやってきます。いろいろなかたちの雲が出たり、台風がやってきたり、秋の空は表情豊《ひょうじょうゆた》かです。

いわし雲

いわしの群《む》れが泳いでいるように見える雲。魚のうろこにも見えるので「うろこ雲」ともよばれる。

冷《ひ》ややか

朝や夜など、空気をひんやりと感じること。なんとなく、冷《ひ》えているような感じがすること。

肌寒《はださむ》

冷《つめ》たい空気を、とくに肌《はだ》に感じるようす。

身に入《し》む

寒さやものさびしさが、からだに深く染《し》み入るように感じること。寒さとともに増《ま》していくさみしさをあらわすことば。「身に染《し》む」とも書く。

秋ぐもり

秋のくもり空のこと。ぶ厚《あつ》い雲でおおわれた空。秋は天気が変《か》わりやすく、晴れの日とくもりの日がくり返される。

台風

日本で、秋のはじめにかけてふく大風。風とともに、雨も強く降《ふ》ることがある。

二百十日《にひゃくとおか》

立春《りっしゅん》（→6ページ）から数えて二百十日《にひゃくとおか》目、九月一日ごろ。稲《いね》が開花するこの時期は、台風がよくくる。

野分《のわき》
野にはえる草木をふき分ける、秋の強い風。おもに台風のこと。

秋風
秋にふく風。秋が深まるにつれて、さわやかな風から冷《つめ》たい風に変《か》わる。

天高し
空気が澄《す》んでいて、雲がなく、空が高く感じるような気候《きこう》。

夜長《よなが》
秋の長い夜のこと。秋分《しゅうぶん》の日《ひ》（↓40ページ）を過《す》ぎると日の出ている時間がだんだん短くなり、夜が長くなる。

月
秋はとくに月がきれいに見えるといわれ、日本では古くから月見（↓40ページ）の習慣もある。

月の満《み》ち欠《か》けとよび方

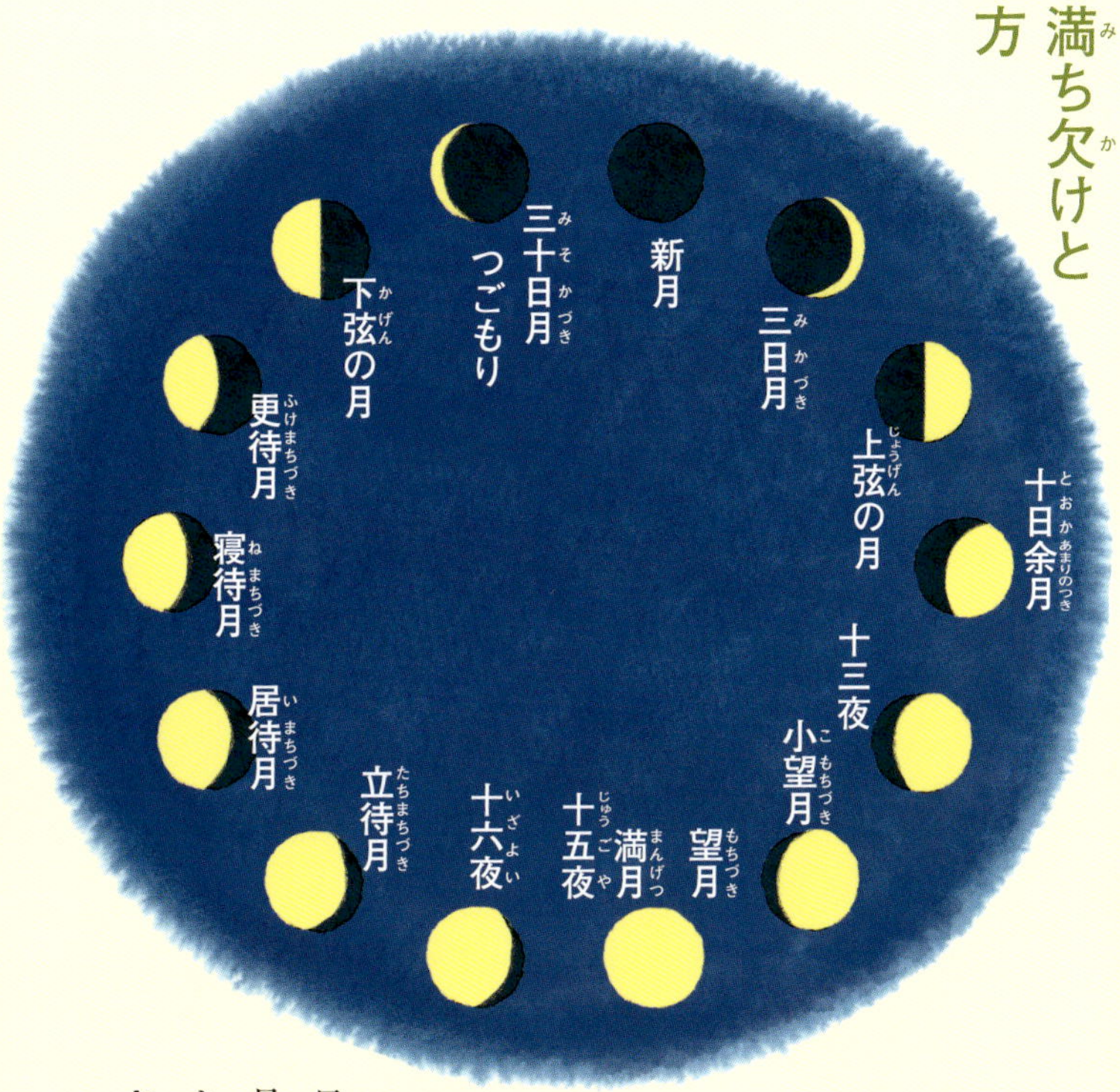

新月
三日月《みかづき》
上弦《じょうげん》の月
十日余月《とおかあまりのつき》
十三夜
小望月《こもちづき》
望月《もちづき》
満月《まんげつ》
十五夜《じゅうごや》
十六夜《いざよい》
立待月《たちまちづき》
居待月《いまちづき》
寝待月《ねまちづき》
更待月《ふけまちづき》
下弦《かげん》の月
三十日月《みそかづき》
つごもり

日本では、月の満《み》ち欠《か》けによって、さまざまなよび名がつけられています。

星月夜《ほしづきよ》
月のように星の光が明るい夜のこと。

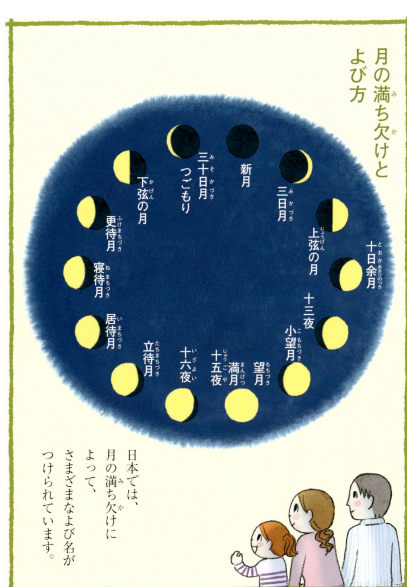

秋の植物をさがしてみよう

肌寒《はだざむ》い秋の空の下でも、美しく花をさかせる植物はあります。また、多くの植物が実をつけるのは、秋です。中にはおいしく食べられるものもあります。

秋の七草

日本の秋にさく、代表的《だいひょうてき》な七つの花です。

はぎ
野山で赤むらさきや白の花をさかせる。

なでしこ
うすピンクの花がさく。

ききょう
先が五つにさけた花がさく。

くず
根はくずもちの原料になる。

おみなえし
黄色の花がさく。

すすき
くきの先には、うす茶色の穂《ほ》がつく。

ふじばかま
きくの仲間《なかま》。葉の先が三つにわれている。

彼岸花《ひがんばな》

あぜ道や土手などで、秋の彼岸《ひがん》の時期にさく赤い花。「まんじゅしゃげ」ともいう。

ねこじゃらし

えのころ草のこと。細いくきの先にふさふさとした穂《ほ》がつく。ねこがじゃれて遊ぶことからこうよばれる。

栗《くり》

野山にはえる木の実で、食べられる。とげのあるイガに包《つつ》まれている。

どんぐり

くぬぎ、かし、ならなどの木の実。ぼうしのようなかたちのからをかぶっている。

ぎんなん

いちょう（→36ページ）の木の実。丸く黄色い。果肉《かにく》の中の種子《しゅし》の部分は食べられる。

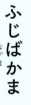

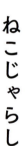

秋の生きものをさがしてみよう

たくさんの植物が実をつける秋は、生きものたちにとってもうれしい季節《きせつ》。秋のあとにやってくる、寒い冬に向けて、準備《じゅんび》をしている生きものもいます。

かまきり

三角形の頭には強いあごがある。かまのような前足でえものをつかまえる。

いなご

水田や草原の中をとびはねる。稲《いね》をあらすこともある。

いも虫

ちょうや、がの幼虫《ようちゅう》。からだは太く、毛がない。

雁《がん》

秋になると、北から日本にやってくる渡《わた》り鳥。群《む》れで列をつくって飛《と》ぶ。

きつつき

するどいくちばしで木に穴《あな》を開け、中にいる虫を食べる。

猪《いのしし》

野山にすむ動物。首が短く、きばがある。子どもは「うりぼう」とよばれる。

馬肥《うまこ》ゆる

秋になると、馬が冬に備《そな》えて太ってたくましくなるということ。「天高く馬肥《うまこ》ゆる秋」という使い方をすることが多い。

うずら

小型《こがた》のキジの仲間《なかま》。からだが丸く、茶色の羽を持つ。「グワックルルル」などと鳴く。

みの虫

ミノガの幼虫《ようちゅう》。口から出した糸で枝《えだ》や枯葉《かれは》を巣《す》にして、その中にすむ。

鹿《しか》

山や森にすむ。オスは枝《えだ》のような角《つの》を持っている。秋になるとメスをもとめて鳴く。

紅葉《こうよう》について調べてみよう

木々の葉が、散《ち》る前にあざやかに色づくことを紅葉《こうよう》（黄葉《こうよう》）といいます。気温が下がるにつれて変化《へんか》していく道《みち》ばたの木や野山のようすを楽しみましょう。

もみじ

かえでの仲間《なかま》。かえるの手のようなかたち。秋が深まるとあざやかな赤に変《か》わる。

かき（→31ページ）

厚《あつ》みがあり、一枚《まい》の葉に朱《しゅ》、赤、黄色がまじった模様《もよう》ができる。

ポプラ

三角形の葉が黄色に染《そ》まる。街路樹《がいろじゅ》などによく植えられている。

いちょう

扇形《おうぎがた》の葉があざやかな黄色に染《そ》まる。ぎんなん（→34ページ）が実る。

桜《さくら》（→12ページ）

秋風とともに葉が朱《しゅ》色《いろ》に変《か》わる。花と同じで、すぐに散《ち》ってしまう。

つた

壁《かべ》や塀《へい》にツルを伝《つた》わせることから名がついたぶどう科の木。

色が変《か》わるわけ

もともと、葉は緑色をつくる成分《せいぶん》を持っています。それが、気温が下がると減《へ》り、かわりに赤をつくる成分《せいぶん》が増《ふ》え、紅葉《こうよう》するのです。

紅葉《こうよう》にまつわることば

初紅葉《はつもみじ》

その年はじめての紅葉《こうよう》のこと。かえでの木だけでなく、色づく葉の全般《ぜんぱん》のことを指す。

うす紅葉《もみじ》

木全体が色づくのではなく、ちらほらと色づいた葉が見えるようす。

野山の錦《にしき》

色とりどりの葉がいろどる山のようすを、錦《にしき》という美しい布《ぬの》にたとえたことば。

照葉《てりは》

秋の日に、日光を反射《はんしゃ》して美しく照《て》りかがやいている紅葉《こうよう》のこと。

虫の音《ね》に耳を澄《す》まそう

虫の音《ね》とは、とくに秋の虫の鳴き声のこと。日本では古くから楽しまれてきました。江戸《えど》時代《じだい》には「虫売り」といって、鳴き声の美しい虫を売る商売があったそうです。

こおろぎ

秋の夜に、縁《えん》の下や草地などで鳴く。「リーリーリー」と鳴く種類《しゅるい》もいる。

鈴虫《すずむし》

こおろぎの仲間《なかま》。鈴《すず》をふるような美しい声で鳴く。

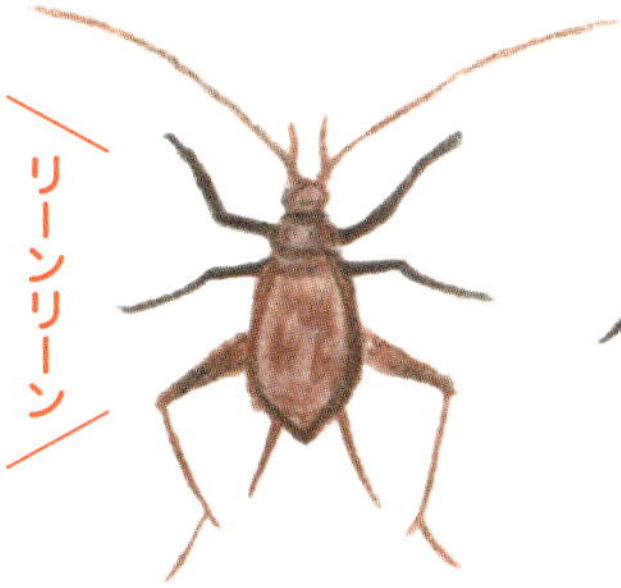

どうやって鳴くの？

片方《かたほう》の羽のうらにあるぎざぎざした部分を、もう片方《かたほう》の羽にこすりあわせて音を出します。鳴くのはオスだけです。

きりぎりす

夏の終わりごろ、野原などで見られる。からだは緑色か茶色で、長いしょっ角を持つ。

馬追《うまおい》

鳴き声が、馬を追い立てるときの舌打《したう》ちに似《に》ているため、名がついた虫。

つゆ虫

きりぎりすの仲間《なかま》で、からだはうす緑色。足が細くて弱々しく、動きがおそい。

松虫

こおろぎの仲間《なかま》のうす茶色の虫。古くから、鈴虫《すずむし》と並《なら》んで鳴き声の美しい虫とされてきた。

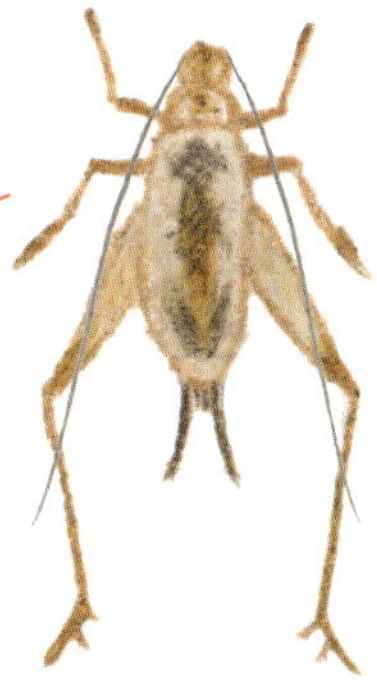

くつわ虫

緑色や茶色の虫。鳴き声が馬の口にはめる「くつわ」を鳴らす音に似《に》ていることから名がついた。

虫にまつわることば

虫時雨《むししぐれ》

秋の虫たちが、時雨《しぐれ》が降《ふ》ったようにいっせいに鳴くこと。

残《のこ》る虫

冬が近づいてもまだ鳴いている虫のこと。細々とした声で鳴く。

みみず鳴く

秋の夜に聞こえるジーッという音が、みみずの声といわれた。実際《じっさい》はけらという虫の声。

秋の野菜《やさい》や果物《くだもの》をあじわおう

秋には、旬《しゅん》をむかえる野菜《やさい》や果物《くだもの》がたくさんあります。夏に太陽の光をしっかり浴《あ》びて育ち、秋に食べごろをむかえるのです。

秋の野菜《やさい》

秋なす

秋にとれるなすは、実がしまっていて、とくにおいしいとされている。

オクラ＊

秋に五角形の実をみのらせる。実を刻《きざ》むとねばねばした糸を引く。

しょうが

地中にあるくきを食べる野菜《やさい》。ぴりぴりとした辛味《からみ》がある。

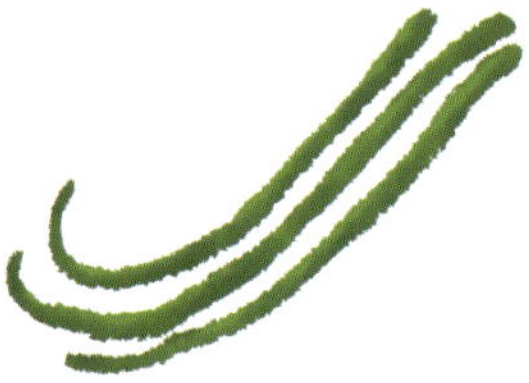

ささげ

長いさやの中には豆が入っている。秋の終わりに収穫《しゅうかく》される。

いんげん＊

まだやわらかいときのさやと、そのあと熟《じゅく》した豆と、どちらも食べられる。

かぼちゃ＊

重く大きい実をつける。カンボジアから伝《つた》わったため、このよび名がついた。

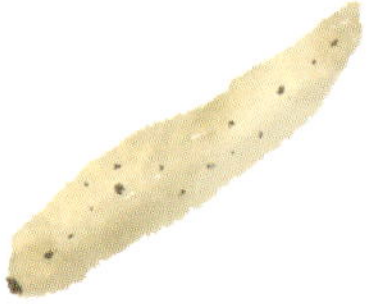

ながいも

地面の中でのびた根の部分を食べる。すって「とろろ」などにして食べる。

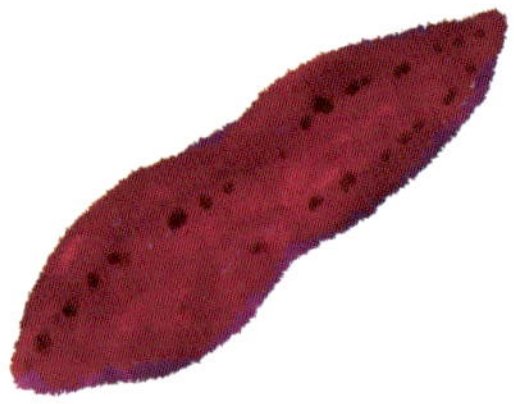

さつまいも

地中で太く育った根の部分を食べる。薩《さつ》摩《ま》地方（現在《げんざい》の鹿児《かご》島県《しまけん》西部）から広まった。

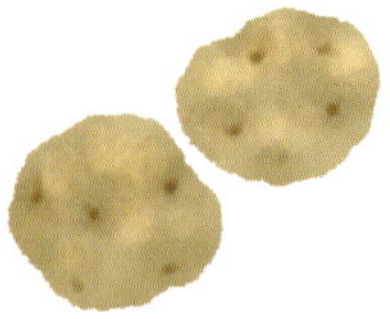

じゃがいも

春に植え、夏から秋にかけて収穫《しゅうかく》される。だんしゃくいもやメークインなどの種類《しゅるい》がある。

いも掘《ほ》りのコツ

いものまわりの土を、よけてから、いもを掘《ほ》り出しましょう。ツルだけをひっぱると、ちぎれたり、いもが途中《とちゅう》で折《お》れたりすることがあります。

＊オクラやいんげん、かぼちゃは、夏の野菜《やさい》とされることもあります。

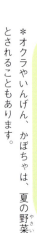

きのこ

しめじ

ぶなしめじのこと。「香《かお》りまつたけ・味しめじ」といわれるほど、しめじは味がよいとされる。

えのき

細長く、かさが小さい。店などで売られているものは白っぽいが、野生のものは茶色い。

なめこ

水分にふれると、かさにねばり気が出る。

しいたけ

おもに茶色いかさの部分を食べる。干《ほ》したしいたけはだしをとるときによく使われる。

まいたけ

くきが分かれ、その先に花びらのようなかさが広がっている。

まつたけ

おもにあかまつの林にはえ、とてもいい香《かお》りがする。

果物《くだもの》

りんご

実が固《かた》く、甘《あま》ずっぱい。寒い地方でつくられることが多い。

ぶどう

たくさんの玉のような実が、ふさになってたれ下がる。

なし

実に水分が多く、甘《あま》みが強い。ざらざらとした歯ざわりがする。

ゆず

料理《りょうり》の香《かお》りづけに多く使われる。

レモン

秋に黄色いラグビーボールのようなかたちの実をつける。酸《さん》味《み》と香《かお》りが強い。

あけび

山にはえる。実が熟《じゅく》すと皮が縦《たて》にさける。黒い種《たね》を包《つつ》む白い部分が甘《あま》い。

秋のくらしを楽しもう

秋は、暑すぎず寒すぎない、外での活動にぴったりな時期です。台風が来たときは、部屋で読書などを楽しむのもいいですね。

稲《いね》かり

実った稲《いね》をかりいれること。今は稲《いね》かり機《き》を使うことが多い。

稲《いね》干《ほ》す

かり取った稲《いね》を稲架《はさ》にかけ太陽の光で乾燥《かんそう》させること。干《ほ》し方は地方によってちがいがある。

かかし

田に立てる人形。鳥などから稲《いね》を守るため、人が見張《みは》っているように見せかける。

栗《くり》拾《ひろ》い

木から落ちた栗《くり》の実を拾い集めること。

栗《くり》ご飯《はん》

栗《くり》を入れた、炊《た》きこみご飯《はん》のこと。

新米

その年の秋に収穫《しゅうかく》した米。炊《た》きたての新米はつやつやとして、みずみずしい。

秋分《しゅうぶん》の日《ひ》

九月二十三日ごろ。祖先《そせん》をうやまい、亡《な》くなった人をしのぶ日。

文化の日

十一月三日の国民《こくみん》の祝日《しゅくじつ》。自由と平和を愛《あい》し、文化をすすめる日。

運動会

学校や地域《ちいき》で人が集まって、運動競技《きょうぎ》や体操《たいそう》をすること。

月見

月をながめて、豊作《ほうさく》に感謝《かんしゃ》したり、美しさを楽しんだりすること。団子《だんご》や果物《くだもの》、秋の草花などをお供《そな》えする。

読書の秋

秋は夜が長くなり、静《しず》かに読書をするのにぴったりだということ。

秋の芸術《げいじゅつ》タイム

落ち葉アートをつくってみよう

落ち葉や木の実などを使って、秋のアートを楽しんでみましょう。

▶大きな落ち葉でつくる恐竜《きょうりゅう》は、大迫力《はくりょく》！

▼落ち葉をたくさん集めて、かわいいはりねずみの完成《かんせい》。

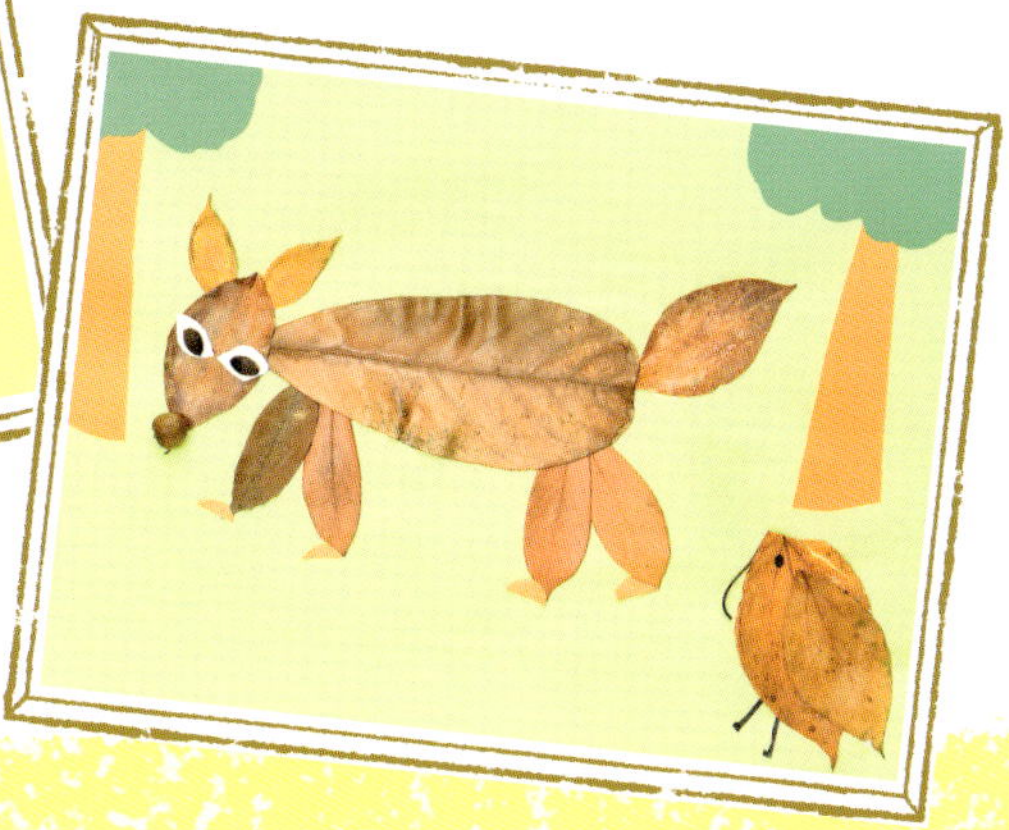

◀目や鼻に木の実などを使うと、いろいろな表情《ひょうじょう》をつくることができます。

かんたん！クッキング

スイートポテトをつくってみよう

つくり方

1 皮をむいたさつまいもを輪切《わぎ》りにして、やわらかくなるまでゆでる。

2 さつまいもをボウルに入れてつぶし、砂糖《さとう》と生クリームを加《くわ》えてヘラでまぜる。

3 2を6つに分け、だ円形に整える。スプーンの背《せ》で表面にといた卵黄《らんおう》をぬる。

4 200℃に温めたオーブンで20分程《てい》度《ど》焼《や》く。

材料（約《やく》6個分《こぶん》）

- さつまいも……………1本
- 砂糖《さとう》……………20g
- 生クリーム… 大さじ1と半分
- 卵黄《らんおう》……………½個分《こぶん》

使う道具

- 包丁《ほうちょう》
- まな板
- なべ
- ボウル
- ヘラ
- スプーン
- オーブン

冬が来た！

思わずからだを縮《ちぢ》ませるような
冷《つめ》たい風がふきぬけます。
植物は葉が落ち、枯《か》れてしまうものもありますが、
雪や氷など、冬ならではの
美しい自然《しぜん》の風景《ふうけい》を見ることもできます。

立冬《りっとう》
暦《こよみ》の上で冬がはじまるとされる日。十一月七日ごろ。

うさぎ
耳が長く、うしろ足でよくはねる。冬になると、雪のようにまっ白な毛になる種類《しゅるい》もいる。

さざんか
つばきの仲間《なかま》の花。冬、濃《こ》いピンクや白の花がさく。

雪遊び
降《ふ》り積《つ》もった雪の上で遊ぶこと。また、雪を使って遊ぶこと。

落ち葉
枯《か》れて落ちた葉。

北風

冬に北のほうからふく、冷《つめ》たい風。

山《やま》眠《ねむ》る

静《しず》まりかえった冬の山のようす。

雪

寒くて乾燥《かんそう》した日に降《ふ》る、小さな氷のつぶのかたまり。

なべ焼《や》きうどん

うどんを、一人用のなべでえびや野菜《やさい》などとにたもの。

コート

寒さを防《ふせ》ぐために服の上から着るもの。

冬の空を見上げてみよう

日が短く、冷《つめ》たい風がふく冬は、日ごとに寒さが増《ま》すようにも感じます。キンと冷《ひ》えた空気は、春や夏とはちがう、スッキリとした気持ち良《よ》さがありますね。

冬将軍《ふゆしょうぐん》

フランスの将軍《しょうぐん》ナポレオンが、寒さと雪のせいでたたかいに敗《やぶ》れたことから。寒さの厳《きび》しさをたとえたことば。

冷《つめ》たし

冬の寒さをあらわすことば。「寒し」よりも、肌《はだ》でふれた感じなど、からだの一部で感じることを指す。

さゆ

切るようにまっすぐ、じかに届《とど》く寒さのこと。とくに、夜の澄《す》みきった空気の中で感じる寒気《かんき》。

寒し

冬の一番の特徴《とくちょう》といえる。からだで寒く感じること。

かまいたち

うずを巻《ま》くような風がふいたあと、からだに切《き》り傷《きず》ができることがある。昔は、かまいたちという妖怪《ようかい》のしわざと考えられていた。

木枯《こ が》らし

冬のはじめにふく冷《つめ》たい強い風。草を枯《か》らし、木の葉を散《ち》らすことからこのようによばれる。

すきま風

障子《しょうじ》や戸のすきまからふきこむ風。昔の日本の家はすきまが多く、目張《めば》りなどをしてこれを防《ふせ》いだ。

小春日和《こはるびより》

冬のはじめ、寒さがいったんやわらぐ時期のこと。まるで小さな春のようなおだやかな日が続《つづ》く。つけもの用の野菜《やさい》を干《ほ》したり、植木に雪囲《がこ》いをしたりするなど、冬本番の準備《じゅんび》をする。

息白し

寒い日、はいた息が白く見えること。息の中の水蒸気《すいじょうき》が冷《ひ》えて小さな水のつぶになり、白く見える。

冬晴れ

寒さの厳《きび》しい時期の、さえわたるような晴天。とくに太平洋側《がわ》の空についていうこともある。

三寒四温《さんかんしおん》

春が近づくころの、寒い日が三日続《つづ》いたあと、暖《あた》かい日が四日続《つづ》く天気のこと。

寒《かん》の入り

一年でもっとも寒い時期に入る日のこと。冬至《とうじ》(→51ページ)の日から数えて十五日目の小寒《しょうかん》から約《やく》三十日を「寒《かん》」という。

寒波《かんぱ》

北の大陸《たいりく》から日本にやってくる冷《つめ》たい空気。急に気温が下がり、とくに日本海側《がわ》には大雪を運んでくる。

寒《かん》の雨

寒の時期に降《ふ》る雨のこと。とくに冷《つめ》たく、さらに寒さが増《ま》せば雪へと変《か》わる。

冬がすみ

風がなく、暖《あたた》かな冬の日にかすみがかかり、景色《けしき》がぼんやりと見えること。

寒夜《かんや》

寒さの厳《きび》しい冬の夜。鼻や耳、指先に痛《いた》みを感じるほど冷《ひ》えこむ。

冬の星

冬の夜空は、空気が澄《す》んでいることから、星座《せいざ》のかたちが見えやすいといわれる。

オリオン座《ざ》

冬の南の夜空に見える、三つの星を中心とした星座《せいざ》。「オリオン」とは、ギリシャ神話に登場《とうじょう》するかりゅうど。

寒暁《かんぎょう》

冬の寒い明け方のこと。冬は夜が長く、明け方にはまだ夜の寒さが残《のこ》る。

冬銀河《ふゆぎんが》

冬の夜空にかかる、天《あま》の川のこと。夏の天《あま》の川よりも明るさは弱いが、さえわたった空で美しくかがやく。

雪や氷について調べてみよう

気温が低い日は、雪が降《ふ》ることがあります。雪に包《つつ》まれた町はいつもとちがって見えますね。雪が降《ふ》るしくみや、さまざまな雪のよび方を知っていますか。

雪のできるしくみ

雪は、雲から降《ふ》ってきます。雲は小さな水のつぶでできていて、このつぶは空の上では氷になります（①）。この氷が、まわりの水のつぶとくっついて大きくなり（②）、地上に向かって落ちていきます。ふだんは、空よりも地上のほうが気温が高いため、氷はとけ、雨になって降《ふ》りますが、地上の気温が低い冬は氷がとけずに、雪として降《ふ》るのです（③）。

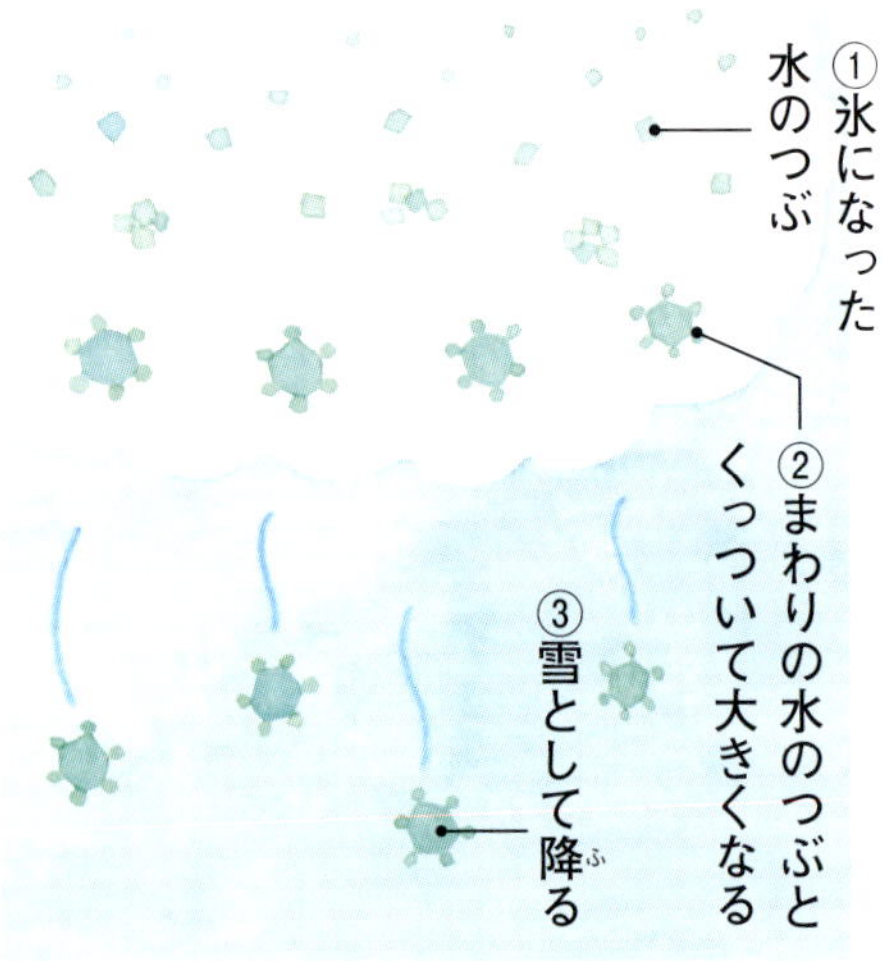
①氷になった水のつぶ
②まわりの水のつぶとくっついて大きくなる
③雪として降《ふ》る

雪の結晶《けっしょう》

雪の結晶《けっしょう》は、雲の中の水蒸気《すいじょうき》の量《りょう》のちがいなどによって、さまざまなかたちをしています。ルーぺや顕微鏡《けんびきょう》を使うと、こんな風に見ることができます。

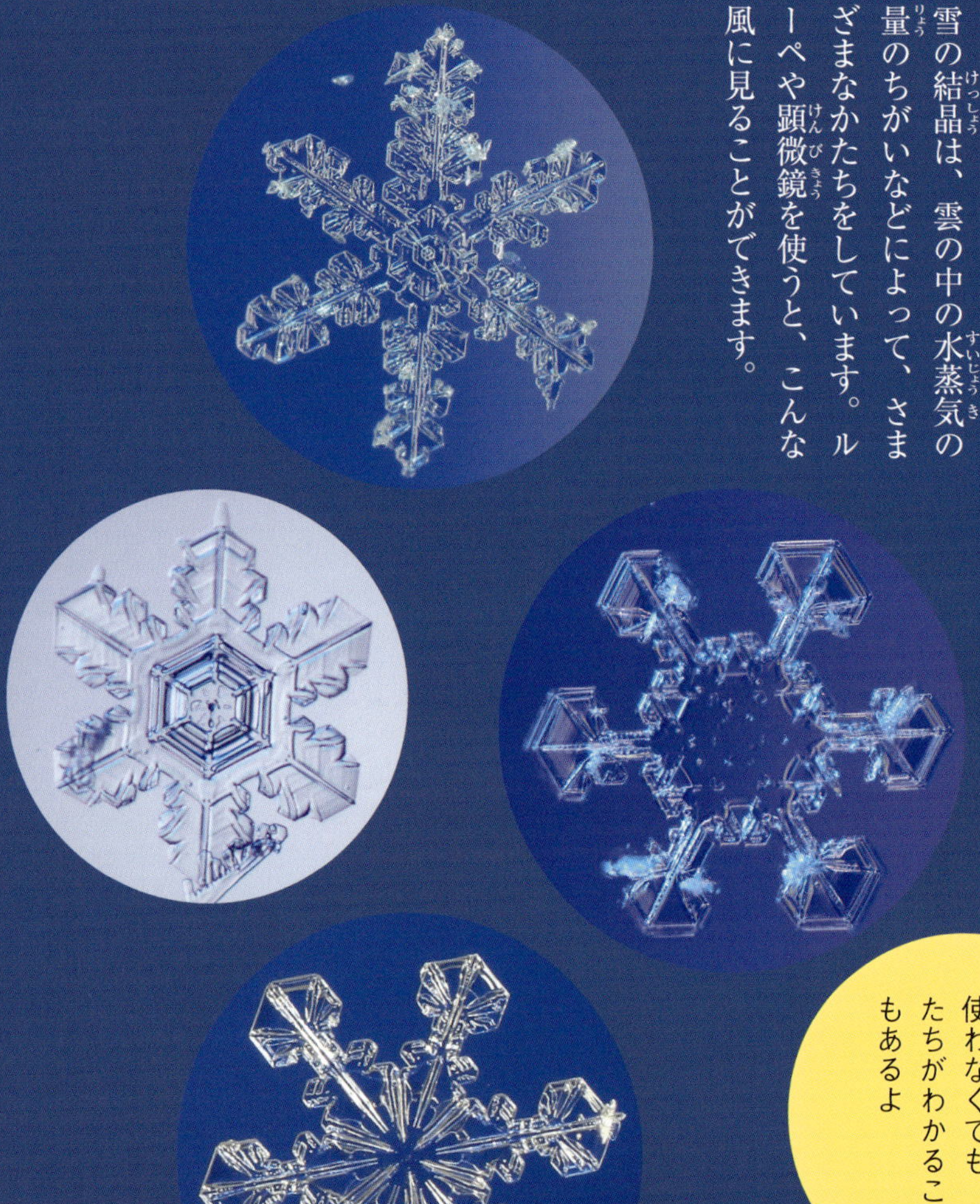

ルーぺや顕微鏡《けんびきょう》を使わなくても、かたちがわかることもあるよ

雪のよび方

粉雪《こなゆき》
粉《こな》のように細かくて、さらさらした雪のこと。

ぼたん雪
大きなかたまりで降《ふ》る雪。ぼたんの花のようにふっくらとしている。

あられ
白や半透明《はんとうめい》の、直《ちょっ》径《けい》五ミリメートル以下の氷のつぶ。

綿雪《わたゆき》
綿《わた》をちぎったような、大きくてふわふわした雪。

みぞれ
とけかかっていて、雨混《ま》じりになって降《ふ》る雪のこと。

ふぶき
激《はげ》しい風に乗って雪がふきつけること。

風花《かざはな》
花びらが舞《ま》い散《ち》るようにちらちらと降《ふ》る雪。遠くで降《ふ》る雪が飛《と》ばされてきておこる。

雪にまつわるいろいろなことば

初雪《はつゆき》
その冬、はじめて降《ふ》る雪。

新雪《しんせつ》
新しく、降《ふ》り積《つ》もったばかりの雪のこと。

樹氷《じゅひょう》
霧《きり》のつぶが木の表面についてこおったもの。

氷張《は》る
水の表面が冷《ひ》やされ、氷が張《は》ること。

つらら
屋根の雪がとけたしずくが、少しずつこおって棒《ぼう》のようになったもの。

雪女
雪の夜にあらわれる、女の妖怪《ようかい》。氷の息をふきかけて、人をこおらせるともいわれている。

冬の野山をのぞいてみよう

冬の間の植物や生きものは、暖《あたた》かい春が来るのを楽しみにしながら、静《しず》かに準備《じゅんび》をしています。中には、美しい花をさかせたり、実をつける植物もあります。

南天の実

枝先《えださき》に小さな赤い実をつける木。縁起物《えんぎもの》としてお正月にかざられることもある。

水仙《すいせん》

冬の終わりごろにさく花。雪の中でもさくので、「雪中花《せっちゅうか》」ともよばれる。

冬芽《ふゆめ》

次の春に花をさかせるために、秋までに芽《め》をつけ、そのまま冬をこす。

枯野《かれの》

草木が枯《か》れて、ひっそりとした冬の野原。春を静《しず》かに待つ姿《すがた》でもある。

枯葉《かれは》

枯《か》れた葉のこと。色がなくなり、かさかさに乾《かわ》いている。

冬眠《とうみん》

動物が土や穴《あな》の中で、活動をやめて眠《ねむ》るようにして冬をこすこと。

白鳥

冬に日本にやってくる渡《わた》り鳥の一種《しゅ》。全身が白く、長い首で水中の水草を食べる。

冬の水

冬の冷《ひ》えきっていて、澄《す》みわたった水。

春の七草

一月七日に「七草がゆ」にして食べます。

すずしろ
大根の別名《べつめい》。

すずな
かぶの別名《べつめい》。

ごぎょう
黄色の花をつける。

せり
水辺《みずべ》にはえる。

なずな
ぺんぺん草。

はこべ
道ばたにはえる。

ほとけのざ
野原や畑にはえる。

冬の食べものをあじわおう

冬は、野菜《やさい》の中でも根菜《こんさい》がよく食べられます。味がいいこともちろんですが、干《ほ》したりつけたり、加工《かこう》をすると、冬でも食べやすいということもあります。

冬の野菜《やさい》

大根

白くてみずみずしい冬の野菜《やさい》。とくに根の部分を食べる。

ねぎ

強い香《かお》りのある野菜《やさい》。薬味として使われることも多い。

にんじん

おもに、赤い根の部分を食べる。

かぶ

とくに、地面の中で丸く太った根の部分を食べる。

白菜《はくさい》

玉のように重なり合った葉を食べる。なべやつけものなどにする。

魚・貝

まぐろ

体長三メートル、体重四百キロにもなる大きな魚。刺《さし》身《み》などにして食べる。

ぶり

成長《せいちょう》するにつれてよび名が変《か》わる、出世魚《しゅっせうお》。冬のぶりは「寒《かん》ぶり」ともよばれ、とくにあぶらがのっておいしいとされる。

ふぐ

からだが丸く、口が小さい魚。強い毒《どく》を持つため、取り除《のぞ》いて食べる。

かき

岩のようにごつごつしたからの二枚貝《にまいがい》。

あんこう

からだは平たく、大きな頭に大きな口を持つ深海魚。なべなどにして食べる。

冬のくらしを楽しもう

生活のしかたや、食べものなど、冬のくらしには寒さに耐《た》えるための工夫《くふう》があります。また、冬にしかできない雪遊びは、この季節《きせつ》だけの楽しみといえます。

あたたかい食べもの

焼《や》きいも

さつまいもを焼《や》いたもの。たき火に入れたり、ストーブの上で焼《や》いたりする。

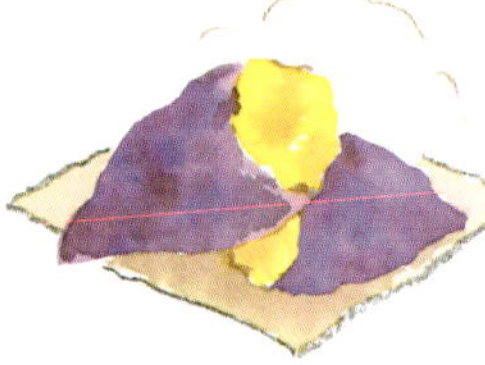

おでん

大根やちくわ、こんにゃく、卵《たまご》などをにこんだ料理《りょうり》。

湯どうふ

土なべの中で、こんぶのだし汁《じる》で豆腐《とうふ》をにた料理《りょうり》。湯やっこ。

寄《よ》せなべ

旬《しゅん》の野菜《やさい》や魚介《ぎょかい》、肉など、さまざまな具材を入れ、にこみながら食べるなべ料理《りょうり》。

暖《あたた》かく過《す》ごす

暖房《だんぼう》

ヒーターなどを使って、部屋を暖《あたた》めること。石油ストーブ、電気ストーブなど、さまざまな種類《しゅるい》がある。

ちゃんちゃんこ

そでのない、綿入《わたい》りの羽織物《はおりもの》。もともとは、子どもが着物の上から着るためのものだった。

こたつ

電熱器《でんねつき》の上に台をおき、ふとんをかけて使う道具。昔は電熱《でんねつ》器《き》のかわりに炭火を使うことが多かった。

気をつけよう

せき

寒さやかぜのせいで、急に強く出る息。

湯冷《ゆざ》め

おふろから上がったあと、からだが冷《ひ》えて、寒く感じること。

かぜ

ウイルスなどに感染《かんせん》して、熱《ねつ》が出たり、のどが痛《いた》くなったり、鼻水が出たりするなど、さまざまな症状《しょうじょう》がおこること。

冬の遊び

雪合戦

二組に分かれ、雪を丸めた玉を投げ合う遊び。

雪だるま

雪を丸めたものを二つから三つ積《つ》み重ね、目鼻口、手などをつけたもの。

雪うさぎ

雪をだ円形に丸めたものに、葉で耳を、南天などの実で目をつけたもの。

かまくら

集めた雪の中を掘《ほ》り、ドームのようなかたちにしたもの。

スキー

細長い板のついたくつをはいて、雪の上をすべる。手にストックというつえを持つこともある。

スケート

金属《きんぞく》の刃《は》がついたくつをはき、氷の上をすべる。

冬至《とうじ》

一年で昼がもっとも短く、夜が長い日。十二月二十二日ごろ。

冬至《とうじ》の日には、かぼちゃを食べるといいとされている。

ゆず湯

冬至《とうじ》の日にゆずをうかべたおふろに入ると、病気になりにくいといわれている。

一年の終わり

すすはらい

新年をむかえるために、家をそうじして、ちりやほこりをはらうこと。

日記買う

年末《ねんまつ》には、次の年の日記《にっき》帳《ちょう》を買って準備《じゅんび》をする。

もちつき

正月に食べるために、もちをつくこと。今では店で買うことが多いが、昔はそれぞれの家庭でもちをついた。

新年を祝《いわ》おう

一月一日、新しい一年がはじまります。無事《ぶじ》に一年を終えられたことを感謝《かんしゃ》し、新しい一年もよい年になるように願《ねが》いをこめて、お祝《いわ》いをします。

お正月

一年のはじまりの月のこと。一月一日から三日までの三が日をいうことも多い。

新春《しんしゅん》

新しい年への喜《よろこ》びの気持ちをこめていう言葉。昔の暦《こよみ》では、一月一日は立春《りっしゅん》（→6ページ）のころと重なったため、新年にまつわることばには「春」がつくことが多い。

書初《かきぞ》め

その年はじめて筆で文字を書くこと。またその文字。一月二日におこなうことが多い。

初《はつ》もうで

新しい年になってはじめて、神社や寺にお参《まい》りに行くこと。その年が無事《ぶじ》で幸せであるようにと願《ねが》う。

年賀状《ねんがじょう》

新年のあいさつのために送る、はがきや手紙。

お年玉

新年を祝《いわ》って子どもたちにおくられるお金や物。昔は丸いもちがおくられた。

門松《かどまつ》

お正月の神様をむかえるために、家の前に飾《かざ》る。

しめかざり

げんかんや神だなに飾《かざ》る、しめなわ。

鏡《かがみ》もち

神様にそなえるための、丸いもちを重ねたもの。

初夢《はつゆめ》

一月一日、または二日に見る夢《ゆめ》のこと。「一富士《ふじ》二たか三なすび」といって、富士山《ふじさん》、たか、なすの夢《ゆめ》を見ると縁起《えんぎ》がいいといわれる。

初笑《はつわら》い

その年、一番はじめに笑《わら》うこと。

獅子舞《ししま》い

お正月におこなわれる、獅子《しし》の頭をかぶっておどる芸能《げいのう》。

初日《はつひ》の出

一月一日にのぼる朝日。

お正月の食べもの

おせち

お正月の期間に食べる料理《りょうり》。それぞれの料理《りょうり》には縁起《えんぎ》をかついだ意味がこめられている。

れんこん
穴《あな》が開いていることから、将来《しょうらい》がよく見えるように。

黒豆
一生けん命「まめ」に働《はたら》けるように。

田作り
作物がたくさん実るように。

栗《くり》きんとん
お金がたまるように。

おぞうに

お正月にもちを入れて食べる汁《しる》もの。味つけやもちのかたち、入れる具材は地域《ちいき》や家庭によってちがいがある。

すまし汁《じる》
(東京都《とうきょうと》など)

赤みそ
(福井県《ふくいけん》など)

白みそ
(京都府《きょうとふ》など)

小豆汁《あずきじる》
(鳥取県《とっとりけん》など)

おとそ

お正月にのむお酒。年下の人から順番《じゅんばん》にのむ。

かんたん!クッキング

おぞうにをつくってみよう

材料(2人分)

- にんじん……6分の1本
- 小松菜……1株《かぶ》
- しいたけ……2枚《まい》
- とりむね肉……4分の1枚《まい》
- 水……400cc
- めんつゆ……10cc
- 塩《しお》……少々
- 切りもち……2切れ

使う道具

- 包丁《ほうちょう》
- まな板
- なべ
- トースター
- おたま

つくり方

1 野菜《やさい》ととりむね肉は食べやすい大きさに切る。野菜《やさい》はゆでておく。

2 なべに水とめんつゆ、塩を入れ、とりむね肉としいたけを加《くわ》えてにる。

3 切りもちはトースターで軽くこげ目がつくまで焼《や》く。

4 野菜《やさい》と、2のとりむね肉としいたけ、3の切りもちをおわんに盛《も》り、2の煮汁《にじる》を注《そそ》ぐ。

俳句《はいく》や短歌から季語《きご》を見つけよう

これまで紹介《しょうかい》してきた季節《きせつ》のことばの中で、俳句《はいく》などで使われる、それぞれの季節《きせつ》をあらわすことばを「季《き》語《ご》」といいます。58～59ページの季節別季語《きせつべつきご》さくいんにあることばは、すべて季語《きご》です。実際《じっさい》の俳句《はいく》や短歌の中で季語《きご》がどのように使われているか、見てみましょう。

俳《はい》句《く》

「俳句《はいく》」というのは、五・七・五の十七音でつくる、短い詩のことです。季語《きご》を入れるのが決まりです。

古池や　蛙《かわず》飛《と》びこむ　水の音

作者 松尾芭蕉《まつおばしょう》　季語 蛙《かわず》 春

意味 ひっそりとある古い池に、かえるが飛《と》びこんだ。その小さな水音だけが、その場に残《のこ》っているように感じる。

閑《しず》かさや　岩にしみ入る　蝉《せみ》の声

作者 松尾芭蕉《まつおばしょう》　季語 蝉《せみ》 夏

意味 夏、ある寺を訪《たず》ねたところ人もなく、とても静《しず》かだった。遠くから響《ひび》くせみの声が、まるで岩にしみ入りそうなほどだった。

柿《かき》くえば　鐘《かね》が鳴るなり　法隆寺《ほうりゅうじ》

作者 正岡子規《まさおかしき》　季語 柿《かき》 秋

意味 法隆寺《ほうりゅうじ》とは、奈良県《ならけん》にあるお寺。その近くの茶店で柿《かき》を食べていた。いつのまにか日がくれて美しい夕焼《ゆうや》けが広がり、そこに寺の鐘《かね》が鳴り響《ひび》いた。

うまそうな　雪がふうわり　ふわりかな

作者 小林一茶《こばやしいっさ》　季語 雪 冬

意味 いつのまにか雪が降《ふ》りはじめた。見ると、まっ白で丸く、ふわふわとして、綿菓子《わたがし》のようにおいしそうだ。

短歌

「短歌」は、五・七・五・七・七の三十一音でつくる、短い詩のことです。季語《きご》が入らないものも多くあります。

石走《いわばし》る　垂水《たるみ》の上の　さわらびの　萌《も》え出《い》づる春に　なりにけるかも

作者　志貴皇子《しきのみこ》　季語《きご》　さわらび（若いわらび）　春

意味　水が流れ落ちる滝《たき》のほとりに、わらびが芽《め》を出す時期がやってきた。

金色《こんじき》の　ちいさき鳥の　かたちして　銀杏《いちょう》ちるなり　夕日の岡《おか》に

作者　与謝野晶子《よさのあきこ》　季語《きご》　銀杏《いちょう》　秋

意味　夕日の岡《おか》に舞《ま》い落ちる銀杏《いちょう》の葉が、まるで金色《きんいろ》の小さな鳥のようだ。

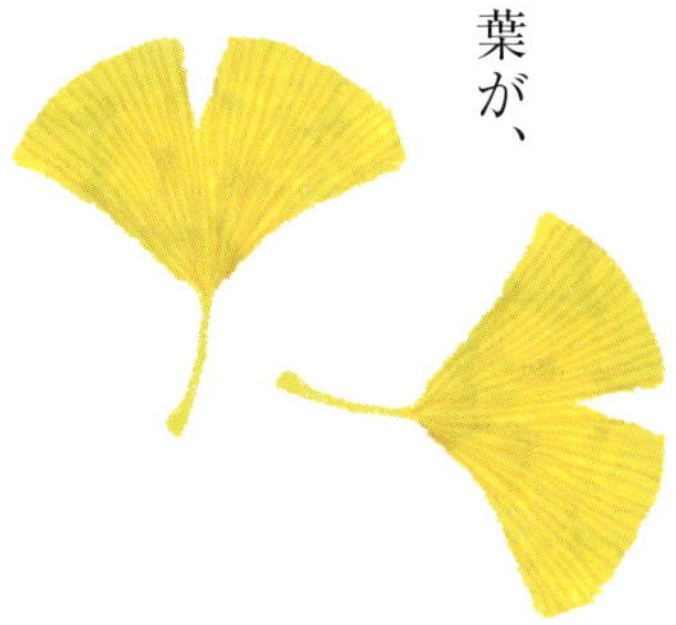

俳句《はいく》をつくろう

季語《きご》を使って、俳句《はいく》をつくってみましょう。

ポイント1　表現《ひょうげん》したいテーマを決める。

ポイント2　俳句《はいく》に入れる季語《きご》を決める。（→58～59ページ）

★使いたい季語《きご》を決めてから、テーマを考える方法もあります。

ポイント3　音の数が五・七・五になるように整える。

風鈴《ふうりん》の涼《すず》しそうな音を表現《ひょうげん》しよう！
「風鈴《ふうりん》」は夏の季語《きご》だから使えるな。
「音《おと》が涼《すず》しさを」だと八音だから、「音《ね》が涼《すず》しさを」と読むようにしよう。

風鈴《ふうりん》の　音《ね》が涼《すず》しさを　よび入れる

完成《かんせい》したら、友だちや家族に発表しましょう。

暦《こよみ》と季節《きせつ》について知ろう

太陰暦《たいいんれき》

月が地球のまわりを一周《しゅう》する時間を一か月とした考え方で、一番古い暦《こよみ》とされています。月は約《やく》二十九日半で地球のまわりを一周するため、二十九日の月と、三十日の月で、十二か月に分けていました。

でも、現在《げんざい》の太陽暦《たいようれき》と比《くら》べると、一年が十一日間も短くなります。そのため、毎年少しずつ、暦《こよみ》の日付《ひづけ》と季節《きせつ》とが、ずれていってしまいます。

暦《こよみ》と年中行事

「暦《こよみ》」とは、年・月・週・日などを単位《たんい》とした、ときの流れの区切り方のことです。カレンダーのことでもあります。今わたしたちが使っているのは「新暦《しんれき》（太陽暦《たいようれき》）」ですが、昔の暦《こよみ》は「旧暦《きゅうれき》（太陰太陽暦《たいいんたいようれき》）」といって、別《べつ》のものでした。日本の昔から伝《つた》わるくらしや行事は、旧暦《きゅうれき》と深く結《むす》びついています。ぜひ知っておきましょう。

旧暦《きゅうれき》（昔の暦《こよみ》）	十二月（師走《しわす》）	一月（睦月《むつき》） お正月（一日）	二月（如月《きさらぎ》）
新暦《しんれき》（今の暦《こよみ》）	一月 お正月（一日）	二月	三月 ひな祭り（三日）

旧暦《きゅうれき》から新暦《しんれき》に切りかわるとき、一か月のずれがおきました。そのため、年中行事の日付《ひづけ》や時期も見直されるようになりました。

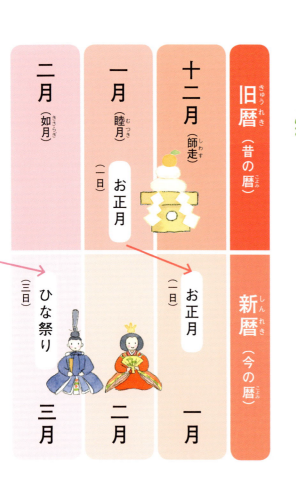

旧暦《きゅうれき》（太陰太陽暦《たいいんたいようれき》）

暦《こよみ》と季節《きせつ》を合わせるために、太陰暦《たいいんれき》をもとにつくられました。十九年間に七回、うるう月を入れた十三か月の年をつくったことで、日付《ひづけ》が季節《きせつ》からずれないように調整《ちょうせい》をしました。

日本では、七世紀《せいき》ごろから明治《めいじ》五年（一八七二年）まで使われました。

★うるう月…特別《とくべつ》につけ加《くわ》えられた月。二度くり返す月をつくり、その二度目の月のこと。

新暦《しんれき》（太陽暦《たいようれき》）

旧暦《きゅうれき》で、大きなずれは調整《ちょうせい》されたものの、少しのずれはおきていました。そこでつくられた新暦《しんれき》は、地球が太陽のまわりを一周《しゅう》する時間を、一年としました。太陽の動きを基準《きじゅん》にしているため、日付《ひづけ》と季節《きせつ》のずれはうまれなくなりました。

新暦《しんれき》は現在《げんざい》、世界中で使われています。日本では明治《めいじ》六年（一八七三年）から使われはじめました。

三月（弥生《やよい》）	四月（卯月《うづき》）	五月（皐月《さつき》）	六月（水無月《みなづき》）	七月（文月《ふみづき》）	八月（葉月《はづき》）	九月（長月《ながつき》）	十月（神無月《かんなづき》）	十一月（霜月《しもつき》）
ひな祭り（三日）		端午《たんご》の節句《せっく》（五日）		七夕《たなばた》（七日） おぼん（十三～十六日）	十五夜（十五日）			
四月	五月	六月	七月	八月	九月	十月	十一月	十二月
	端午《たんご》の節句《せっく》（五日）		七夕《たなばた》（七日）	おぼん（十三～十六日）	十五夜（中旬《ちゅうじゅん》～下旬《げじゅん》）			

おぼんのように、一か月おくれでおこなうようになった行事や、十五夜のように旧暦《きゅうれき》のままおこなう行事もあります。

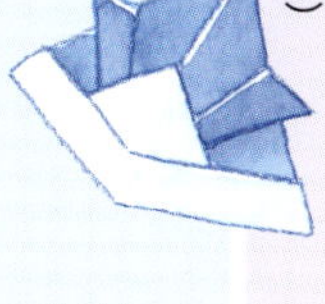

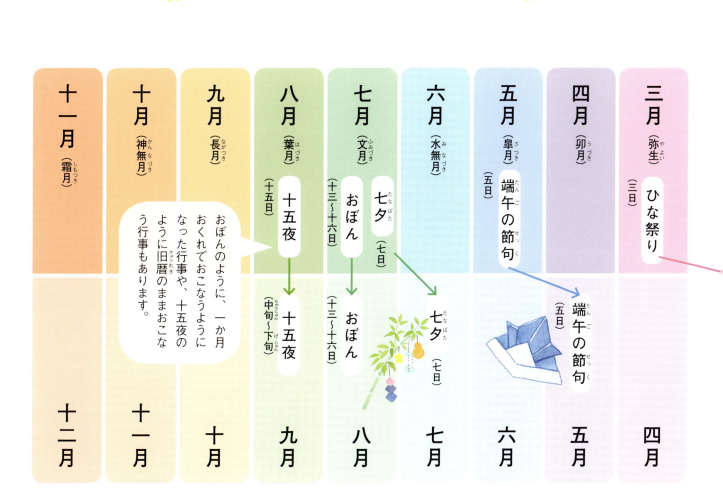

季節別季語《きせつべつきご》さくいん

本文の季節《きせつ》ごとに季語《きご》をまとめました。昔の暦《こよみ》では別《べつ》の季節《きせつ》になるものは、ことばの下に(春)のようにしめしています。

春

あ
暖《あたた》か……8
うぐいす……15
うららか……7
遠足……7
おたまじゃくし……11
落とし角《づの》……11
おぼろ月……9

か
かいこ……11
かえる……11
風光る……9
かたばみ……10
かぶと(夏)……16
寒《かん》のもどり……8
きじ……15
くま穴《あな》を出る……11
啓蟄《けいちつ》……8
こいのぼり(夏)……16
こごい(夏)……16
東風《こち》……9

さ
桜《さくら》……6
桜もち……7
残桜《ざんおう》……13
春昼《しゅんちゅう》……7
春分《しゅんぶん》の日《ひ》……16
春雷《しゅんらい》……9
しょうぶ湯(夏)……16
白つめ草……10
新じゃがいも(夏)……14
すずめの子……15
すみれ……10
清明《せいめい》……8
ぜんまい……14
空豆(夏)……14

た
たけのこ……14
たらの芽《め》……14
端午《たんご》の節句《せっく》／こどもの日(夏)……16
たんぽぽ……10
茶つみ……6
ちょう……11
ちらしずし……16
つくし……14
つばめ……15
鳥帰る……11
鳥ぐもり……9
鳥の巣《す》……15

な
なずな(冬)……10
菜種梅雨《なたねづゆ》……9
菜《な》の花《はな》……10
ねこの恋《こい》……11
ねこやなぎ……10
のどか……8

は
はこべ……10
葉桜《はざくら》(夏)……13
はなあぶ……11
花いかだ……12
花風《はなかぜ》……9
花ぐもり……9
花ざかり……13
花冷《はなび》え……8
花ふぶき……12
花見……6
春一番／春二番……12
春風……9
春時雨《はるしぐれ》……9
春の雨……9
春の星……9
春深し……8
春めく……8
ひごい(夏)……16
ひばり……7
ふきのとう……14

ま
まごい(夏)……16
満開《まんかい》……13
みつばち……7
めじろ(夏)……15
桃《もも》の節句《せっく》／ひな祭り……16
桃《もも》の花……16
モンシロチョウ……11

や
山笑《やまわら》う……6

ら
立春《りっしゅん》……6

わ
わらび……14
れんげ……10

夏

あ
アイスクリーム……28
青葉……24
朝顔……24
あじさい……24
暑《あつ》し……22
油照《あぶらて》り……22
天《あま》の川(秋)……23
あり……25
うちわ……27
えだまめ……28
炎暑《えんしょ》……22
炎天《えんてん》……19
送り梅雨《づゆ》……21
おぼん(秋)……26

か
蚊《か》……25
海水浴《かいすいよく》……19
風薫《かぜかお》る……23
風死す……23
かたつむり……25
かぶと虫……25
蚊帳《かや》……26
喜雨《きう》……20
キャンプ……26
きゅうり……28
きょうちくとう……24
金魚……25
草いきれ……24
薬降《くすりふ》る……21
雲の峰《みね》……22
くらげ……25
くわがた……25
夏至《げし》……19
黄金虫《こがねむし》……25

さ
さくらんぼ……28
五月晴《さつきば》れ……21
五月雨《さみだれ》……20
さるすべり……24
湿風《しっぷう》……23
驟雨《しゅうう》……20
暑中見舞《みま》い……26
すいか(秋)……28
すいか割《わ》り……19
せみ……18
せん風機《ぷうき》……27
そうめん……28
ソーダ……28

た
田植え……26
七夕《たなばた》(秋)……26
梅雨明《つゆあ》け……21
梅雨《つゆ》ぐもり……21
梅雨空《つゆぞら》……21
通り雨……20
どくだみ……24
ところてん……28
登山……26
土用うなぎ……28
虎《とら》が雨《あめ》……21

な
なす……28
なすづけ……28
夏草……24
夏雲……22
夏景色《なつげしき》……19
夏氷……18
夏の雨……20
夏の宵《よい》……23
夏日……23
夏深し……22
夏祭り……27
夏休み……26
にじ……21
西日《にしび》……22
入道雲《にゅうどうぐも》……19
入梅《にゅうばい》……21
にわか雨……20
熱帯夜《ねったいや》……23
熱風《ねっぷう》……23

は
薄暑《はくしょ》……22
走り梅雨《づゆ》……21
はだし……27
花火……27
ピーマン(秋)……28
ひまわり……19
日焼《ひや》け……19
昼寝《ひるね》……26
風鈴《ふうりん》……27
星流し……23
ほたる……25

ま
マーガレット……24
真夏日……23
短夜《みじかよ》……23
南風《みなみかぜ》……23
蒸《む》し暑《あつ》し……22
めだか……25

や
山したたる……18
夕立……20
ゆうれい……27
浴衣《ゆかた》……27

ら
立夏《りっか》……18

わ
若葉《わかば》……24

秋

あ
赤とんぼ……30
秋うらら……31
秋風……33
秋ぐもり……32
秋なす……38
秋晴れ……31
あけび……39
十六夜《いざよい》……33
いちょう……36
いなご……35
稲穂《いなほ》……30
稲《いね》かり……40
稲干《いねほ》す……40
猪《いのしし》……35
居待月《いまちづき》……33
いも虫……35
いわし雲……32
いんげん……38
うす紅葉《もみじ》……36
うずら……35
馬追《うまおい》……37
馬肥《うまこ》ゆる……35
運動会……40
えのき(冬)……39
オクラ……38
おみなえし……34
か
かかし……40
かき（柿《かき》）……31
下弦《かげん》の月……33
かぼちゃ……38
かまきり……35
雁《がん》……35
ききょう……34
きつつき……35
きりぎりす……37
ぎんなん……34
くず……34
くつわ虫……37
栗《くり》……34
栗《くり》ご飯《はん》……40
栗拾《くりひろ》い……40
こおろぎ……37
コスモス……30
小望月《こもちづき》……33
さ
ささげ(夏)……38
さつまいも……38
さわやか……30
しいたけ……39
鹿《しか》……35
しめじ……39
じゃがいも……38
十五夜《じゅうごや》……33
十三夜……33
秋分《しゅうぶん》の日《ひ》……40
しょうが……38
上弦《じょうげん》の月……33
新月……33
新米……40
すすき……34
鈴虫《すずむし》……37
た
台風……32
立待月《たちまちづき》……33
月……33
月見……40
つた……36
照葉《てりは》……36
天高し……33
読書の秋……40
どんぐり……34
な
ながいも……38
なし……39
なでしこ……34
なめこ(冬)……39
二百十日《にひゃくとおか》……32
ねこじゃらし……34
寝待月《ねまちづき》……33
残《のこ》る虫……37
野山の錦《にしき》……36
野分《のわき》……33
は
はぎ……34
肌寒《はださむ》……32
初紅葉《はつもみじ》……36
彼岸花《ひがんばな》……34
冷《ひ》ややか……32
更待月《ふけまちづき》……33
ふじばかま……34
ぶどう……39
文化の日……40
星月夜《ほしづきよ》……33
ま
まいたけ……39
まつたけ……39
松虫……37
満月《まんげつ》……33
三日月《みかづき》……33
三十日月《みそかづき》……33
身に入《し》む……32
みの虫……35
みみず鳴く……37
虫時雨《むししぐれ》……37
望月《もちづき》……33
もみじ……36
紅葉《もみじ》がり……31
や
山よそおう……31
ゆず……39
夜長《よなが》……33
ら
立秋《りっしゅう》……30
りんご……39
レモン……39

冬

あ
あられ……47
あんこう……49
息白し……44
うさぎ……42
お正月……52
おせち……53
おぞうに……53
落ち葉……42
おでん……50
お年玉……52
おとそ……53
オリオン座《ざ》……45
か
鏡《かがみ》もち……52
かき（牡蠣《かき》）……49
書初《かきぞ》め……52
風花《かざはな》……47
かぜ……50
門松《かどまつ》……52
かぶ……49
かまいたち……44
かまくら……51
枯野《かれの》……48
枯葉《かれは》……48
寒暁《かんぎょう》……45
寒《かん》の雨……45
寒《かん》の入り……45
寒波《かんぱ》……45
寒夜《かんや》……45
北風……43
コート……43
氷張《は》る……47
木枯《こが》らし……44
こたつ……50
粉雪《こなゆき》……47
小春日和《こはるびより》……44
さ
さざんか……42
寒し……44
さゆ……44
三寒四温《さんかんしおん》……44
獅子舞《ししま》い……52
しめかざり……52
樹氷《じゅひょう》……47
新春《しんしゅん》……52
新雪《しんせつ》……47
水仙《すいせん》……48
スキー……51
すきま風……44
スケート……51
すすはらい……51
せき……50
た
大根……49
暖房《だんぼう》……50
ちゃんちゃんこ……50
冷《つめ》たし……44
つらら……47
冬至《とうじ》……51
冬眠《とうみん》……48
な
なべ焼《や》きうどん……43
南天の実……48
日記買う……51
にんじん……49
ねぎ……49
年賀状《ねんがじょう》……52
は
白菜《はくさい》……49
白鳥……48
初日《はつひ》の出……52
初《はつ》もうで……52
初雪《はつゆき》……47
初夢《はつゆめ》……52
初笑《はつわら》い……52
春の七草……48
ふぐ……49
ふぶき……47
冬がすみ……45
冬銀河《ふゆぎんが》……45
冬将軍《ふゆしょうぐん》……44
冬の星……45
冬の水……48
冬晴れ……44
冬芽《ふゆめ》……48
ぶり……49
ぼたん雪（春）……47
ま
まぐろ……49
みぞれ……47
もちつき……51
や
焼《や》きいも……50
山眠《やまねむ》る……43
雪……43
雪遊び……42
雪うさぎ……51
雪女……47
雪合戦……51
雪だるま……51
湯冷《ゆざ》め……50
ゆず湯……51
湯どうふ……50
寄《よ》せなべ……50
ら
立冬《りっとう》……42
わ
綿雪《わたゆき》……47

ジャンル別《べつ》さくいん

この本で紹介《しょうかい》したことばを、ジャンルごとにまとめました。

生きもの

猪《いのしし》……35
うさぎ……42
馬肥《うまこ》ゆる……35
おたまじゃくし……11
落とし角《づの》……11
かえる……11
かたつむり……25
くま穴《あな》を出る……11
くらげ……25
鹿《しか》……35
冬眠《とうみん》……48
ねこの恋《こい》……11

●鳥

うぐいす……15
うずら……35
雁《がん》……35
きじ……15
きつつき……35
すずめの子……15
つばめ……15
鳥帰る……11
鳥の巣《す》……15
白鳥……48
ひばり……7
めじろ……15

●虫

赤とんぼ……30
あり……25
いなご……35
いも虫……35
馬追《うまおい》……37
蚊《か》……25
かいこ……11
かぶと虫……25
かまきり……35
きりぎりす……37
くつわ虫……37
くわがた……25
こおろぎ……37
黄金虫《こがねむし》……25
鈴虫《すずむし》……37
せみ……18
ちょう……11
つゆ虫……37
残《のこ》る虫……37
はなあぶ……11
ほたる……25
松虫……37
みつばち……7
みの虫……35
みみず鳴く……37
虫時雨《むししぐれ》……37

●魚

あんこう……49
金魚……25
ふぐ……49
ぶり……49
まぐろ……49
めだか……25

時期・暦《こよみ》

啓蟄《けいちつ》……8
夏至《げし》……19
秋分《しゅうぶん》の日《ひ》……40
春分《しゅんぶん》の日《ひ》……16
清明《せいめい》……8
冬至《とうじ》……51
二百十日《にひゃくとおか》……32
文化の日……40
立夏《りっか》……18
立秋《りっしゅう》……30
立春《りっしゅん》……6
立冬《りっとう》……42

くらし

稲《いね》かり……40
稲干《いねほ》す……40
うちわ……27
運動会……40
遠足……7
海水浴《かいすいよく》……19
かかし……40
かぜ……50
蚊帳《かや》……26
キャンプ……26
栗拾《くりひろ》い……40
コート……43
こたつ……50
桜前線《さくらぜんせん》……12
暑中見舞《みま》い……26
すすはらい……51
せき……50
せん風機《ぷうき》……27
田植え……26
暖房《だんぼう》……50
茶つみ……6
ちゃんちゃんこ……50
月見……40
読書の秋……40
登山……26
夏祭り……27
夏休み……26
日記買う……51
はだし……27
花見……6
日焼《ひや》け……19
昼寝《ひるね》……26
風鈴《ふうりん》……27
もちつき……51
紅葉《もみじ》がり……31
ゆうれい……27
浴衣《ゆかた》……27
雪女……47
湯冷《ゆざ》め……50
ゆず湯……51

●遊び

かまくら……51
すいか割《わ》り……19
スキー……51
スケート……51
花火……27
雪遊び……42
雪うさぎ……51
雪合戦……51
雪だるま……51

●正月

お正月……52
おせち……53
おぞうに……53
お年玉……52
おとそ……53
鏡《かがみ》もち……52
書初《かきぞ》め……52
門松《かどまつ》……52
獅子舞《ししま》い……52
しめかざり……52
新春《しんしゅん》……52
年賀状《ねんがじょう》……52
初日《はつひ》の出……52
初《はつ》もうで……52
初夢《はつゆめ》……52
初笑《はつわら》い……52

●行事

おぼん……26
かぶと……16
こいのぼり……16
ごい……16
しょうぶ湯……16
七夕《たなばた》……26
端午《たんご》の節句《せっく》／こどもの日……16
ひごい……16
まごい……16
桃《もも》の節句《せっく》／ひな祭り……16

食べもの・のみもの

アイスクリーム……28
秋なす……38
あけび……39
いんげん……38
えだまめ……28
えのき……39
オクラ……38
おでん……50
かき（柿《かき》）……31
かき（牡蠣《かき》）……49
かぶ……49
かぼちゃ……38
きゅうり……28
ぎんなん……34
栗《くり》……34
栗《くり》ご飯《はん》……40
桜《さくら》もち……7
さくらんぼ……28
ささげ……38
さつまいも……38
しいたけ……39
しめじ……39
じゃがいも……38
しょうが……38
新じゃがいも……14
新玉ねぎ……14
新米……40
すいか……28
そうめん……28
ソーダ……28
空豆……14
大根……49
ちらしずし……16
ところてん……28
土用うなぎ……28
ながいも……38
なし……39
なす……28
なすづけ……28
夏氷……18
なべ焼《や》きうどん……43
なめこ……39
にんじん……49
ねぎ……49
白菜《はくさい》……49
はまぐりのお吸《す》いもの……16
春きゃべつ……14
ピーマン……28
ぶどう……39
まいたけ……39
まつたけ……39
焼《や》きいも……50
ゆず……39
湯どうふ……50
寄《よ》せなべ……50
りんご……39
レモン……39

五十音順《じゅん》さくいん

関連《かんれん》するページはうすい文字でページ数を記載《きさい》しています。

あ
アイスクリーム……28・29
青葉……24
赤とんぼ……30
秋うらら……31
秋風……33
秋ぐもり……32
秋なす……38
秋の七草……34
秋晴れ……31
あけび……39
朝顔……24
あじさい……24
暖《あたた》か……8
暑《あつ》し……22
油照《あぶらて》り……22
天《あま》の川……23・45
あられ……47
あり……25
あんこう……49

い
息白し……44
十六夜《いざよい》……33
いちょう……36
いなご……35
稲穂《いなほ》……30
稲《いね》かり……40
稲《いね》干《ほ》す……40
猪《いのしし》……35
居待月《いまちづき》……33
いも虫……35
いわし雲……32
いんげん……38

う
うぐいす……15
うさぎ……42
うす紅葉《もみじ》……36
うずら……35
うちわ……27
馬追《うまおい》……37
馬肥《うまこ》ゆる……35
うららか……7
運動会……40

え
えだまめ……28
えのき……39
炎暑《えんしょ》……22
遠足……7
炎天《えんてん》……19

お
オクラ……38
送り梅雨《つゆ》……21
お正月……52
おせち……53
おぞうに……53
おたまじゃくし……11
落ち葉……41・42
おでん……50
お年玉……52
落とし角《つの》……11
おとそ……53
おぼろ月……9
おぼん……26
おみなえし……34
オリオン座《ざ》……45

か
蚊《か》……25
かいこ……11
海水浴《かいすいよく》……19
かえる……11
かかし……40
鏡《かがみ》もち……52
かき(柿《かき》)……31・36
かき(牡蠣《かき》)……49
書初《かきぞ》め……52
下弦《かげん》の月……33
風花《かざはな》……47
かぜ……50
風薫《かぜかお》る……23
風死す……23
風光る……9
かたつむり……25
かたばみ……10
門松《かどまつ》……52
かぶ……49
かぶと……16
かぶと虫……25
かぼちゃ……38
かまいたち……44
かまきり……35
かまくら……51
蚊帳《かや》……26
枯野《かれの》……48
枯葉《かれは》……48
雁《がん》……35
寒暁《かんぎょう》……45
寒《かん》の雨……45
寒《かん》の入り……45
寒《かん》のもどり……8
寒波《かんぱ》……45
寒夜《かんや》……45

き
喜雨《きう》……20
ききょう……34
きじ……15
北風……43
きつつき……35
キャンプ……26
きゅうり……28
きょうちくとう……24
きりぎりす……37
金魚……25
ぎんなん……34

く
草いきれ……24
くず……34
薬降《くすりふ》る……21
くつわ虫……37
くま穴《あな》を出る……11
雲の峰《みね》……22
くらげ……25
栗《くり》……34
栗《くり》きんとん……53
栗《くり》ご飯《はん》……40
栗拾《くりひろ》い……40
黒豆……53
くわがた……25

け
啓蟄《けいちつ》……8
夏至《げし》……19

こ
こいのぼり……16
コート……43
氷張《は》る……47
こおろぎ……37
黄金虫《こがねむし》……25
木枯《こが》らし……44
ごぎょう……48
ここい……16
こごみ……14
コスモス……30
こたつ……50
東風《こち》……9
粉雪《こなゆき》……47
小春日和《こはるびより》……44
小望月《こもちづき》……33

さ
桜《さくら》……6・12・36
桜前線《さくらぜんせん》……12
桜《さくら》もち……7・17
さくらんぼ……28
ささげ……38
さざんか……42
五月晴《さつきば》れ……21
さつまいも……38・41
五月雨《さみだれ》……20
寒し……44
さゆ……44
さるすべり……24
さわやか……30
残桜《ざんおう》……13
三寒四温《さんかんしおん》……44

し
しいたけ……39
鹿《しか》……35
獅子舞《ししま》い……52
湿風《しっぷう》……23
しめかざり……52
しめじ……39
じゃがいも……38
驟雨《しゅうう》……20
十五夜《じゅうごや》……33
十三夜……33
秋分《しゅうぶん》の日《ひ》……40
樹氷《じゅひょう》……47
春昼《しゅんちゅう》……7
春分《しゅんぶん》の日《ひ》……16
春雷《しゅんらい》……9
しょうが……38
上弦《じょうげん》の月……33
しょうぶ湯……16
暑中見舞《みま》い……26・29
白つめ草……10
新月……33
新じゃがいも……14
新春《しんしゅん》……52
新雪《しんせつ》……47
新玉ねぎ……14
新米……40

す
すいか……28
すいか割《わ》り……19
水仙《すいせん》……48
スキー……51
すきま風……44
スケート……51
すすき……34
すずしろ……48
すずな……48
すすはらい……51
鈴虫《すずむし》……37
すずめの子……15
すみれ……10

せ
清明《せいめい》……8
せき……50
せみ……18
せり……48

せん風機《ぷうき》……27
ぜんまい……14

そ
そうめん……28
ソーダ……28
空豆……14

た
大根……49
台風……32
田植え……26
たけのこ……14
立待月《たちまちづき》……33
田作り……53
七夕《たなばた》……26
たらの芽《め》……14
端午《たんご》の節句《せっく》／こどもの日……16
暖房《だんぼう》……50
たんぽぽ……10

ち
茶つみ……6
ちゃんちゃんこ……50
ちょう……11
ちらしずし……16

つ
月……33
月見……40
つくし……14
つごもり……33
つた……36
つばめ……15
つぼみ……13
冷《つめ》たし……44
梅雨《つゆ》明《あ》け……21
梅雨《つゆ》ぐもり……21
梅雨空《つゆぞら》……21
つゆ虫……37
つらら……47

て
照葉《てりは》……36
天高し……33

と
冬至《とうじ》……51
冬眠《とうみん》……48
十日余月《とおかあまりのつき》……33
通り雨……20
読書の秋……40
どくだみ……24
ところてん……28
登山……26
土用うなぎ……28
虎《とら》が雨《あめ》……21
鳥帰る……11
鳥ぐもり……9
鳥の巣《す》……15
どんぐり……34

な
ながいも……38
なし……39
なす……28
なすづけ……28
なずな……10・48
菜種梅雨《なたねづゆ》……9
夏草……24
夏雲……22
夏景色《なつげしき》……19
夏氷……18
夏の雨……20
夏の宵《よい》……23
夏日……23
夏深し……22
夏祭り……27
夏休み……26
なでしこ……34
菜《な》の花《はな》……10
なべ焼《や》きうどん……43
なめこ……39
南天の実……48

に
にじ……21
西日《にしび》……22
日記買う……51
二百十日《にひゃくとおか》……32
入道雲《にゅうどうぐも》……19
入梅《にゅうばい》……21
にわか雨……20
にんじん……49

ね
ねぎ……49
ねこじゃらし……34
ねこの恋《こい》……11
ねこやなぎ……10
熱帯夜《ねったいや》……23
熱風《ねっぷう》……23
寝待月《ねまちづき》……33
年賀状《ねんがじょう》……52

の
残《のこ》る虫……37
のどか……8
野山の錦《にしき》……36
野分《のわき》……33

は
はぎ……34
白菜《はくさい》……49
薄暑《はくしょ》……22
白鳥……48
はこべ……10・48
葉桜《はざくら》……13
走り梅雨《づゆ》……21
肌寒《はださむ》……32
はだし……27
初日《はつひ》の出……52
初《はつ》もうで……52
初紅葉《はつもみじ》……36
初雪《はつゆき》……47
初夢《はつゆめ》……52
初笑《はつわら》い……52
はなあぶ……11
花いかだ……12
花風《はなかぜ》……9
花ぐもり……9
花ざかり……13
花火……27
花冷《はなび》え……8
花ふぶき……12
花見……6
はまぐりのお吸《す》いもの……16
春一番／春二番……12
春風……9
春きゃべつ……14
春時雨《はるしぐれ》……9
春の雨……9
春の七草……48
春の星……9
春深し……8
春めく……8

ひ
ピーマン……28
彼岸花《ひがんばな》……34
ひごい……16
ひばり……7
ひまわり……19
日焼《ひや》け……19
冷《ひ》ややか……32
昼寝《ひるね》……26

ふ
風鈴《ふうりん》……27
ふきのとう……14
ふぐ……49
更待月《ふけまちづき》……33
ふじばかま……34
ぶどう……39
ふぶき……47
冬がすみ……45
冬銀河《ふゆぎんが》……45
冬将軍《ふゆしょうぐん》……44
冬の星……45
冬の水……48
冬晴れ……44
冬芽《ふゆめ》……48
ぶり……49
文化の日……40

ほ
星月夜《ほしづきよ》……33
星流し……23
ほたる……25
ぼたん雪……47
ほとけのざ……48
ポプラ……36

ま
マーガレット……24
まいたけ……39
まぐろ……49
まごい……16
まつたけ……39
松虫……37
真夏日……23
満開《まんかい》……13
満月《まんげつ》……33

み
三日月《みかづき》……33
短夜《みじかよ》……23
三十日月《みそかづき》……33
みぞれ……47
みつばち……7
南風《みなみかぜ》……23
身に入《し》む……32
みの虫……35
みみず鳴く……37

む
蒸《む》し暑《あつ》し……22
虫時雨《むししぐれ》……37

め
めじろ……15
めだか……25
芽《め》ぶき……13

も
猛暑日《もうしょび》……23
もちつき……51
望月《もちづき》……33
もみじ……36
紅葉《もみじ》がり……31
桃《もも》の節句《せっく》／ひな祭り……16
桃《もも》の花……16

や
焼《や》きいも……50
山したたる……18
山眠《やまねむ》る……43
山よそおう……31
山笑《やまわら》う……6

ゆ
夕立……20
ゆうれい……27
浴衣《ゆかた》……27
雪……43・46
雪遊び……42
雪うさぎ……51
雪女……47
雪合戦……51
雪だるま……51
湯冷《ゆざ》め……50
ゆず……39
ゆず湯……51
湯どうふ……50

よ
寄《よ》せなべ……50
夜長《よなが》……33

り
立夏《りっか》……18
立秋《りっしゅう》……30
立春《りっしゅん》……6
立冬《りっとう》……42
りんご……39

れ
レモン……39
れんげ……10
れんこん……53

わ
若葉《わかば》……24
綿雪《わたゆき》……47
わらび……14

●監修――中村和弘（なかむら かずひろ）
1971年愛知県生まれ。東京学芸大学人文社会科学系日本語・日本文学研究講座国語科教育学分野准教授。専門は国語科教育学。大学を卒業後、小学校で教鞭をとったのち、現在に至る。編著には『国語科授業を活かす理論×実践』（東洋館出版社）、監修書には『一年生で読みたい10分のお話』（旺文社）など。現在は小学校国語教科書の編集委員も務める。

●企画――岩崎書店編集部
●装丁・本文デザイン――鷹觜麻衣子
●イラスト――喜多村素子
竹永絵里
松野美穂
●編集制作――株式会社 童夢
●校正――村井みちよ
●ロゴマーク作成――石倉ヒロユキ

●写真提供――株式会社 フォトライブラリー／Fotolia LLC／牟田淳（p46 雪の結晶）

参考文献

『一年生で読みたい10分のお話』（旺文社）／『大人も読みたいこども歳時記』（小学館）／『三年生で読みたい10分のお話』（旺文社）／『小学新国語辞典』（光村教育図書）／『二年生で読みたい10分のお話』（旺文社）／『平凡社俳句歳時記（春／夏／秋／冬／新年）』（平凡社）

調べる学習百科 季節のことば

2016年　9月30日　第1刷発行
2023年 10月31日　第5刷発行

監修　中村和弘
発行者　小松崎敬子
発行所　株式会社 岩崎書店
〒112-0005 東京都文京区水道1-9-2
電話　03-3812-9131（営業）　03-3813-5526（編集）
振替　00170-5-96822
印刷・製本　大日本印刷株式会社

NDC 810　ISBN 978-4-265-08439-5　64頁・29×22cm

Published by IWASAKI Publishing Co., Ltd.
Printed in Japan

乱丁本、落丁本は小社負担でおとりかえいたします。
■岩崎書店ホームページ　https://www.iwasakishoten.co.jp
■ご意見、ご感想をお寄せ下さい。
E-mail　info@iwasakishoten.co.jp